時報出版

從傢俱
學會風水

利用傢俱打造風水好宅，架設屬於自己的豪宅
財運、桃花、事業、健康，各種好運樣樣來！

作者序

打破迷思，
人人都可以是風水大師

　　首先我很高興能夠出這本書！但是為什麼要出這本書呢？主要是希望能打破傳統迷思，因為大家聽到「風水」兩個字，就會想到羅盤，結果陷入只看東、南、西、北的迷思。不過風水派系林立，如果只憑藉著羅盤所顯示的方位就判斷風水的好壞，是不是稍嫌斷章取義？

　　此外，今天年輕人無法了解風水，將之與生活做結合，大多是因為看到方位、座向、羅盤就會卻步。更何況，適合你的座向，難道就適合你的家人嗎？而適合家人的座向，不適合你怎麼辦呢？所以大家可以把座向當作參考就好，它只會影響風水的十分之一或百分之一，還有好多好多影響風水的元素，是我們過去沒有注意到的。

「風水」這兩個字其實是可以簡化的，就像每個人都有一張臉，臉上有五官，不同的五官，會帶給別人不同的視覺感受，這稱為「面相風水」。每個人都有出生年月日時，可以排出命盤，每張命盤的排列、星曜都不一樣，稱之為「流年風水」。每天穿不同的衣服，也有不同季節、不同場合穿的衣服，而衣服的組合，稱為「穿著風水」。這些都代表你所處的位置、所在的時期，整體狀況的好壞與否。

　　其實相宅如相人，剛剛提及的個人風水，就彷彿房子的風水。所以居家的擺設，就像我們的五官一樣，古書上說「窗為眼、門為口」就是這個意思。簡化之後也就是居家傢俱的擺設，包括門、窗、床、灶、廁所等都息息相關，缺一不可，就像是眼睛、鼻子、耳朵、嘴巴是一樣的。

　　有了這個認識之後，就可以了解傢俱擺設和整體空間是多麼重要，住家有大窗、小窗、大門、小門，這些都代表你的眼睛大小。空氣流通也代表鼻子的好壞與否，周遭的環境若有噪音汙染，就彷彿耳朵飽受噪音汙染。

這樣一來，是不是就把風水簡化了，所以不要再陷入一定要拿羅盤的傳統迷思，它不是不重要，只是沒有那麼重要。所以當代的風水國師，應該非我莫屬。前無古人，後無來者，本書將會把這些風水觀念簡化，並陸陸續續跟大家說明，希望大家都成為自己的風水大師！

市面上的風水書千篇一律，內容比較沒有獨立思想。雖然傳承自老祖先的想法，但是現今建築物、裝潢都已經有所改變了。以前是木造平房，現在是高樓大廈，以前看到的山是真正的山，現在看到的山則是一棟棟的大樓。所以，如果陷入舊的思維就會食古不化，而無法繼承老祖先的智慧。

高一吋為山，低一處為水，土上為陽，土下為陰。傢俱位置的上下前後左右，將會有全方位的分析，把錯誤擺設與選擇做導正，為讀者在愛情、事業、婚姻、財富等各方面帶來立竿見影的感受，也可能遠離病痛、憂鬱、煩惱的束縛，這是我寫這本書最重大的意義。

我是一個開運大師，也是風水界中善於簡化風水的作家，由衷希望華人世界的年輕人都能吸收老祖先的智慧，接受東方風水博大精深的理論。簡化後並且更精準的解釋風水，在風水界會是跨時代的顛覆，也能讓西洋的文化接受這種概念。這就是我最大的祈願、期許跟願望，也是我寫這本書的用意。

目　錄
CONTENT

CHAPTER 4　桌

CHAPTER 5　椅

目 錄
CONTENT

CHAPTER 1

挑對傢俱、擺對位置，
就有好風水

傢俱的種類、材質與外觀，是會影響風水的。

風水不外乎分為「內在風水」跟「環境風水」兩種，有幾個關鍵大家可以把握，就是「高吃矮、大吃小、寬吃窄、深吃淺」。簡單來說，居家風水就像人一樣，人高馬大當然略勝一籌，誰喜歡矮人一等？高樓大房愈高房價愈貴，是因為能夠眺望遠景，這就是簡單的風水，非常淺顯易懂。

高矮除了位置高低以外，也代表天花板的高低，都是相輔相成的，所以從「高吃矮」來讓大家了解，其實風水就是那麼容易，能住得愈高，預算相對就愈高。

至於「寬吃窄」，表示一個店面愈寬，愈能夠接納人氣，視野也更加開闊，不就是大家所說的好店面、金店面嗎？如果是很小的店面進去後才寬寬大大的，但它的能見度低，招攬客戶、納氣不易，人氣就會下滑。

而「大吃小」可以這麼解釋，比方說高樓大廈林立，突然出現個小房子，矮人一等，當然氣場、氣流不順，且看不見遠方的景色，所以如果能住大房子，誰要委屈要住在套房或小房子呢？

　　如果店面或居家能夠深藏不露，而不是一眼望穿的格局，就能避免穿堂風跟錢財一路空的危機，所以人要深藏不露，住家房子也要暗藏財庫，睡覺要在暗房。寬的店面叫明廳、加上深的暗房，就是深藏不露的聚財格局。居家風水就是這麼簡單！

　　居家內部擺設也有山跟水的區別，高的衣櫃、書櫃是山，矮的桌子、椅子是水，而走路的動線就是財路，如果擺設適當，當然能夠招福納財、左右逢源。

　　風水裡還有幾個重要的元素：門神、灶神、廁神、地基主及床母。每一個房子，都不能沒有門、床、廁、灶與信仰，門很重要、房間很重要、廁所很重要、廚房很重要、佛堂很重要，這五個就是最重要的居家擺設重點！如果將這五個重點更詳細地分析，就能夠掌握風水的成敗，再把這五個元素所代表不同的意義，用淺顯的白話去敘述，你也能夠循序漸進地成為風水大師。

　　如果能再多討論窗戶、桌子、椅子的風水，那不是更好

嗎？這本書會慢慢地講解門、窗、桌、椅、櫃、床、馬桶、爐灶的方向與擺設，如何跟生活風水息息相關？你應該要如何做選擇？其中又可能會帶來哪些危機？帶來哪些招財契機？

每一件傢俱都有它的功能，材質的好壞則代表耐用程度，不過要是擺放的位置不正確，就無法完全發揮傢俱真正的作用。就好像在夏天穿著厚外套，時機錯了、對象錯了，就會像是火燒身般痛苦。

再簡單打個比方，小朋友睡很大的床，有加分嗎？不見得！一個很高大的人睡一張小床，像樣嗎？會覺得格格不入吧！同樣的道理，傢俱擺對位置，在風水上來說是加分、事半功倍的。所以，傢俱的大小、長寬、擺放的位置與角度，都會影響到整體風水及運勢。

這本書會針對門、窗、床、桌，以及零零總總的傢俱進行深入的分析，也會分享什麼是朱雀、玄武、天羅、地網、青龍、白虎。我會把這些內容簡單化，教大家淺顯易懂的分

辨方法，清楚每個傢俱上下左右前後的位置，不會讓人聽了一頭霧水！

除了方向以外，需要注意的還有角度。例如：是不是就在桌前坐好，就可以判斷左右呢？明白角度的設定，才能夠完全了解傢俱風水。佛桌、窗戶、床和門，各自都有不同的風水角度。

確定好角度就會知道如何辨別前後與左右，上下也就更容易明白了。了解上下左右前後的位置後，又分別代表什麼意義呢？只要再藉著上下前後左右的狀況來做分析，自然可以了解風水，了解運勢。

基本上，左邊在傳統上代表著男人的運勢，右邊則代表女人的運勢，前方代表未來的發展前景，後方則是代表靠山，上方代表長輩，表示提攜晚輩的支撐能量。簡單透過方向的說明，這樣一來就不會陷入左青龍、右白虎、前朱雀、後玄武的迷霧之中，只要把上下左右前後分清楚，就可以對居家風水瞭若指掌，對年輕人來說是個學習風水的福音呢！

居家風水最在乎的是，家中很重要的門、主臥室以及爐灶，這三個元素。風水中有「門為口」的說法，家門就像是人的嘴巴。嘴巴前面，代表著講出去的話，嘴巴後面，代表吞進去的東西，嘴巴的左邊和男人緣有關，嘴巴的右邊則是女人緣，嘴巴的上面，代表父母長輩給予的智慧，嘴巴的下面就是繁衍後代的能量跟力量。這就是「門為口」的意義。把門的前後左右上下分清楚，再評估這 6 個方位，該加分的地方加分，自然會有好運！

不同的傢俱也有不同的意義，家裡常見的 8 類傢俱中，什麼代表錢財？什麼代表健康？什麼代表事業？什麼代表桃花？都有很深的哲理在裡面。

簡單說，門代表外出的運勢、居家的和氣；窗戶代表遠景跟內在的舒適度；床代表房事，也象徵繁衍後代以及休息時間的長短；桌子，代表工作運，而書桌、化妝桌及餐桌等不同種類的桌子，都有不同的功能與運勢關聯；櫃子裡放的是金銀珠寶還是臭魚爛蝦，都與你的運勢息息相關；椅子，坐得四平八穩就能左右逢源，椅子有沒有椅背，也代表著社

會地位與職場的禍福吉凶；廁所和馬桶好，表示人體排泄好，代表身體健，且空間通風好就不會有晦氣；廚房和爐灶，可以看出一個家庭的家運及是否豐衣足食，炊事順利，家運就亨通，同時也可顯現婆媳關係。

所以每個傢俱都與風水、運勢息息相關，包括：財運、桃花、健康、事業，有時候不同傢俱之間還會有相互加成的加分效果。

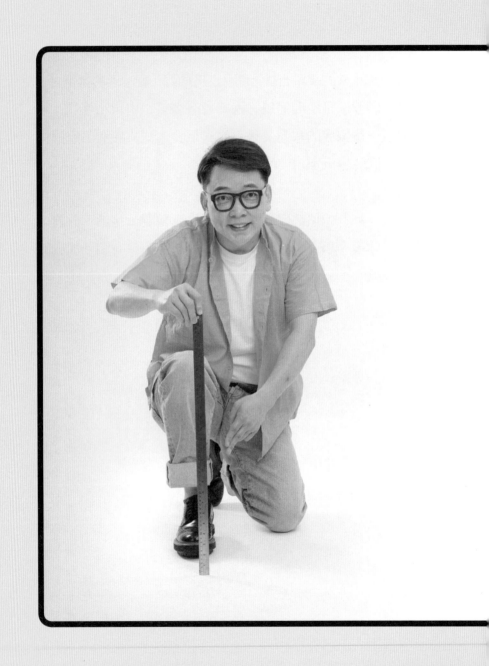

CHAPTER 2

門

：

一扇門看全家人的運勢

居家風水最重要的元素之一就是門。古人會在門上
繪製門神，由此可知門的重要性，畢竟有門才有神。

　　除此之外，門有藏風納氣、防範宵小以及聚財的功能，是家宅凝聚錢財以及安居樂業最重要的把關者與守護者。本書將會用平面圖解釋說明，提供你規畫設計的建議，讓大家了解青龍、白虎、朱雀、玄武、天羅、地網在哪裡，提供讀者了解居家運勢最重要的入門概念。

　　門與運勢息息相關！門前面跟後面，代表出外運勢跟居家運勢，也代表貴人緣。門的左邊代表男主人運勢，門的右邊代表女主人運勢，門框的上面象徵長輩緣，門上方空間與下方的地面也象徵的前途。因此一扇門關係到家人的財運、貴人運及長輩緣，可以說是無所不包。

　　想要透過門的規畫來增加運勢，首先要了解和門相關的各種方位，可以分為門前、門後、門上、門下、門左與門右，了解位置後再分析禍福吉凶。

　　但要如何確定方向呢？請先站在門框的正下方，接著將臉部朝外，這就是判斷方位的位置。以這個位置為中心，前面多半會是前院、走廊或是走道，代表你財運的好壞；後面

就是你的居家空間，從門內可以看出家運；左邊，代表家中男人包含交友狀況在內的運勢；右邊，代表女性的運勢，也可以看家中的婆媳、姐妹的運勢好壞、門的上方代表長輩緣，也要注意能否避免不必要的格局，解除樑柱的壓迫；門的下方，也就是門檻的前後，代表仕途財路是否通暢。

　　我們這裡所指的門，包括陽台門以及所有房門。以上述這六個角度來看，我們就能知道每天經過的這扇門，能不能邁向成功。

∷∷ 開運方位深入分析 ∷∷

 ## 朱雀

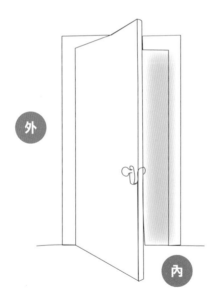

面對門外，門框
所向前延伸的區
域為朱雀。

　　門前的狀況，主要代表這間房子、房間所居住的人其金
錢運勢。門前如果開闊、有遠景，甚至綠意盎然、草木茂盛，
沒有任何視覺效果不好的擺設，總給人風和日麗的感覺，都

象徵前途光明順暢、財路亨通，更代表遠方財源源不斷。

反過來看，如果大門打開會撞到牆壁，或是遇到樓梯、電梯，每天起起落落、上上下下，或是結構上面對廁所或壁刀，那從這個門走出去，就是凶險徵兆無限。開門如果遇到樹幹或電線桿，而且又是近距離的話，在風水上稱為「出門見刀」，必須小心血光，這些都是預警，

另外常見的狀況還有門前雜物橫生、鞋子亂丟、置物箱東倒西歪，甚至堆放雜物，讓門前的區域行走不易，這些物品在風水上就代表著堆積如山的小石頭，象徵你的前途坎坷、崎嶇不平。

這時候該怎麼辦？很簡單，就是將雜物清理乾淨。如果是遇到鄰居堆積雜物，一定要和鄰居好好溝通並且清除雜物，以免為自己帶來不好的運勢。

另外還有打開門出門的那一刻，門外擺設的好壞，就是出外運勢吉凶禍福的展現，所以非常的重要！

⬚ 玄武

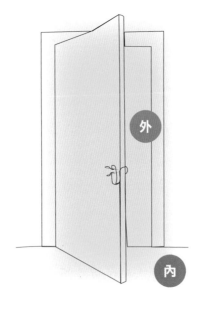

外

內

門框等距向室內延
伸的區域為玄武。

　　風水中有「前朱雀、後玄武」的說法，門後的位置就稱
為玄武，有就是臉朝外、站在門框中間的後面，這個位置也
就是回到家打開房門的第一眼。先前的朱雀，是看外出運，

現在門後就是要看家運了，以下分享要特別注意的幾點。

　　居家大門打開的正前方，千萬記得是「正前方」，不是左右兩側，是與門框等寬向前延伸的區域。如果這個位置看到爐灶，就代表「進門近火」，會讓人一回家就吵架，大家一肚子火。

　　如果門框等距的正前方是看到廁所，廁所的濁氣、火氣跟穢氣直衝大門，因此「進門見廁」會有病痛難測的情形，距離的遠近對災難、危機的大小都有所影響，愈近愈慘。以上兩個問題，都可以用門簾來化解，將門簾擋住廚房和廁所的門就可以了。

　　也如果大門一打開，映入眼簾的是臥室的床或是臥室的門，這種狀況稱為「進門見房」，可能會面臨爛桃花或是房事不順、受孕困難等危機，一樣可以使用過膝蓋的門簾阻擋就能化解。

　　很多人從大門一進來，會直接看到窗戶，認為這是所謂

的「穿堂風」，其實看到窗戶問題沒有那麼大，最可怕的是進門之後，直接看到房子的「後門」，這才是「穿堂風」，會讓你錢財一路空。在台灣南部有很多房子都是這種設計，進門直接看到廚房的門，又看到房子的後門，這在命理上稱為「三門通錢財一路空」。這時候可以利用櫃子阻擋視線，電視櫃或書櫃都可以，只要能讓進門不直接看到房子的後門，就能夠化解這種危機。

另外有的人打開大門走進去，直接看到樓梯的側邊。樓梯的側邊，外型看起來就像是一把鋸子，也就產生了「進門見刀」的格局，會帶來血光刀傷、口舌是非。如果大門打開，在門的寬度等距離延伸的位置，有一根樑柱，這就是俗稱的「壁刀」，尤其是位在兩個門之間的柱子，這對運勢來說非常不好，也會影響家人的健康。如果是以科學角度來看，打開門回家，有了柱子擋在中間，老人家、小朋友都容易跌倒受傷。

現在還有一種很常見的，一開門就看到一整面的落地窗，這也是穿堂風的一種。因為氣流不聚、氣散財不聚，會

讓錢財、人氣流失。建議使用不透光的窗簾來遮蔽，可以避免穿堂風帶來的影響。或是在落地窗的外圍種些盆栽，來防止氣流的流失，這些都是能夠讓房子藏風納氣的好建議。當然如果是在室內擺書櫃或電視櫃阻隔，也是個不錯的選擇。

如果為了遮擋而選擇做屏風，可以在屏風掛上或畫上開運的圖騰，例如：花卉，象徵花開富貴；荷花，代表和氣和和氣氣。這樣一回家就能滿心歡喜。

門前門後加裝燈飾，讓你前途光明，也是能夠開運的方法。也有人會放晶洞，晶洞是貴重的寶石，背面可以變石敢當，前面放銅板也能為運勢加分。

🚪 天羅

外

內

門框正上方為天羅。

　　站在門框下，往上抬頭看門框上面就是天羅，天羅同樣有分內外天羅。天羅主要象徵長輩，所以如果門框外的上

方，景色明亮、開闊，就代表出外時的長輩緣非常好，反之如果暗而無光，則代表出外時沒有長輩緣，爹不疼娘不愛、長官不喜歡。

中南部有很多透天厝，客廳外會規畫成停車場，如果沒有加裝採光罩的話，便會黯然無光，代表前途暗而不明，外出時的長輩貴人運就會大受影響。

如果進到室內的門口區域有挑高三米六或四米八的設計，玄關上方有一個寬敞、舒服的空間，婆媳相處和樂融融，親子關係加分到極致。在家裡的長輩緣非常好，有父母長輩庇護，長輩會成為提攜你的貴人，金援不斷，有望繼承祖產。

如果是矮小的房子，進門還要彎腰屈膝、東躲西藏的，就代表後天羅無貴人。當然也有可能後天羅正好有橫樑，如果門框上方的範圍有樑穿過去，風水上稱為「穿心煞」，就會有口舌是非、暗疾纏身、病痛不斷的情形，遇到這種狀況，要把天花板鋪平，才能夠成功化解可怕的穿心煞，稱為「去形除煞」。

為了使天羅明亮，也有人會安裝照明燈，裝一個燈叫做一片天，裝三個燈叫三陽開泰，都是可以為運勢加分的。

 # 地網

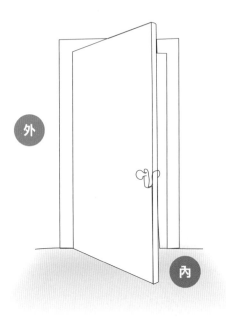

外

內

門檻前後的區域為地網。

　　地網，是指站在門框下，門檻前後的地面，同樣也分為內外地網。要注意的是，地網指的是地面，與之前提到的朱雀、玄武講的是不同的區域，這兩者的差別要分清楚！

　　門檻前的地面，也就是門打開向外的地面，如果是平坦的，代表前途平順、沒有波折。門檻前面的區域愈寬廣，代表路能愈走愈長。如果大門打開向外走會碰到牆壁，那麼前途的空間就比較有限。

　　再來是門檻的內地網，指的是室內的地面。如果崎嶇不平、破裂，或是用了不好的磚瓦，都代表家運敗壞、厄運連連。

　　如果一出門馬上就遇到向下的階梯，就象徵前途一路下滑，就像物品咚！咚！咚！掉下樓一般；也有人是進了房子以後，馬上在客廳又遇到向下的階梯，這也代表回家的家運下滑。以科學角度來看，一進到家裡馬上就有階梯，小孩、老人跌倒受傷的危機大增，不只是風水方面的建議，這也是有科學依據的空間設計學問。

　　還有一種狀況時常發生在透天厝，很多人會在樓梯的中間設計一道門，這麼一來運勢會一路下滑。這種狀況很簡單，只要把門移最前面就可以了，這樣上二樓代表步步高升，下一樓則平平順順。

　　另外位於山坡地的別墅，大門的前面很有可能會遇到山坡，雖然有步步高升的寓意，但也不能和大門太過靠近，否則就會變成泰山壓頂，反而造成反效果。距離遠近是會影響運勢的，開闊明亮宛如一片天最好，至少不要一路下滑，不然會成「牽鼻水」的現象。

青龍

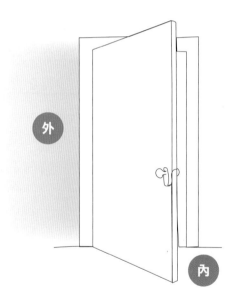

站在門框下面朝外，左手邊的區域為青龍。

　　臉朝外站在門框下面的左手邊，稱為左青龍，這個區域代表家中男性的運勢。但是有個地方需要特別注意，門口的

左邊叫做青龍，有分為左前青龍跟左後青龍。

　　門框的左前方，代表男人外出的運勢，如果左前青龍開闊明亮且通暢，宛如一片天，代表這個家裡的男人工作事業、財運亨通、人脈好，好運勢毫無阻礙。記得是門框等距離向左延伸的區域才叫做青龍，很多人會站在門下將左右分兩半，從中間到左邊通通都歸納為青龍，這是錯誤的！因為前方是朱雀的位置，門框向左延伸的區域，才是左青龍。

　　很多的男性在外事業亨通、人脈廣泛，回家卻屢屢受挫，這時候就要看門框內的左後青龍，看左後青龍是牆壁還是客廳的空間。

　　左後青龍如果是客廳，代表這個男人在家裡有地位，在家中被尊重、被肯定，而且如果居家的活動空間大，也就是俗稱的飛龍在天啦！代表男人掌權，力量無遠弗屆。

　　如果沒有這麼好的格局，門的左後青龍是牆壁的話，這時可以用鏡子，尤其是茶鏡或暗色的鏡子貼在牆上，例用鏡

子延伸客廳的空間，幫男人提升居家運勢。如果這個地方要做鞋櫃，也可以事先規畫，用可以反光、反射的材質製作鞋櫃的門。這個地方擺放的鏡子因為並沒有接照到門，所以不會有口舌是非的問題，反而還能提升男生居家的運勢。

白虎

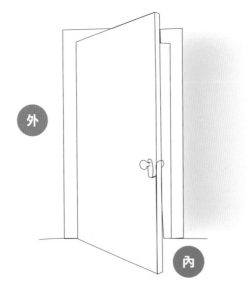

站在門框下面朝
外，右手邊的區
域為白虎。

　　門框的右手邊，稱為白虎，同樣也分為右前白虎和右後
白虎，白虎邊代表家中女性的運勢。大門的右前方，也就是
右前白虎的位置，如果長而寬且明亮，窗明几淨、有山有水

或視野無遠弗屆，代表住這間房子的女性在外事業亨通。如果左右兩邊都明亮也很好，代表左右逢源。

所以如果希望家中女人出外會有好人脈、好人緣，在事業上能夠有好的發展，不依靠老公，可以在選擇房子時多多留意門的右前白虎，但因為有女強男弱的說法，所以有可能就會遇到比較軟弱的男人，有得必有失，必須從中取捨。

而門內右後方的區域就是右後白虎，代表家中女人的地位。傳統文化講求「女守男衝、女靜男動」，所以如果門框內右後方是一面牆，也並不是壞事，因為所謂龍可以藏，虎可以短，龍代表男生，要開闊明亮，虎代表女生，可以比較不用遼闊的空間，也代表女主人能夠在家中靜守其成，等老公賺錢回家，不需要她辛苦地勞動，所以右後白虎如果是牆反而是很加分的。

以上關於門的左青龍、右白虎的分析，對於主臥室的門、廁所門或廚房門都是適用的。

::::: 開運材質與顏色解析 :::::

門，建議盡量不要使用透明玻璃，如果要使用透明玻璃記得貼上霧面貼紙。因為具有穿透性的門，從風水角度來看是形同虛設，無法防盜、防竊，也無法聚財。非要使用強化玻璃材質的話，就一定要貼上霧面貼紙，至少可以保護居家生活的隱私。

門盡量用木頭材質並且選擇深色，才能夠厚實有力具有保護性，而且木頭有溫度、有呼吸。打造一扇堅固、厚實而耐用的門，讓你光耀門楣，門前百花齊放、綠意盎然，為自己造好運、造財水，何樂不為？

最忌諱使用鋼鐵材質，因為有些當鋼鐵門是白鐵的，會像一面鏡子一樣反射，和跟玻璃門是一樣的問題，不但不能夠防禦、保護財富，甚至會形成反射作用，反射到門前門後的區域都不是好事，會容易有口舌是非。若真的需要使用鋼

鐵材質，需要烤上深色，才成能夠保護財富。

　　此外，門框的尺寸也有學問，內框盡量要是 21 公分的倍數，才會帶來好運勢。

　　至於門的區域要如何照顧與擺設才能開運？當門把、門栓發生破裂時，都是對運勢的預警，要趕快修繕，這些都代表破財、宵小入侵與口舌是非。

　　所以古人大廳都放佛堂、佛桌，尤其是三合院，大家有機會可以觀察一下。這樣的安排能夠創造「進門見神、進門見佛」的情形。不願意放佛桌也可以掛觀音佛像、達摩佛像、彌勒佛等等，只要是佛像都是加分的，當然要放耶穌基督也是個好選擇。想想看，有花，進門可看，進門有神明護持，阻擋邪門惡靈方面，不無小補。

｜居｜家｜開｜運｜筆｜記｜本

選擇房子或是規畫室內空間時，記得一開門最害怕的就是看到廁所、廚房或臥室了，先把不好的格局狀況刪除，再做加分的選擇。透過風水格局的角度可以知道，原來門的學問這麼多，而且對整體家運、男女主人都有很大的影響，是很重要的地方。可以擺放花卉或佛像，讓你一進門就能滿心歡喜或受到神明護持，也對整理運勢有幫助。另外，地面、門把若有任何的破損，都是厄運的預警，要趕快修好，防止壞運勢臨門。

CHAPTER 3

窗

：

天天開好窗，
迎接好運與財運

窗的作用，就是給我們光，就像居家風水裡的小太陽。

　　房子有門就有窗，再來有牆壁，才會形成格局。那麼窗到底有什麼作用？窗，代表我們的視野，代表我們所看到的景觀。窗大至可分為廚房的窗、主臥室的窗、廁所的窗跟客廳的窗，都代表每個格局獨立的眼睛。

　　透過窗所看到屋外景色的好壞，也決定了格局的運勢好壞。假設房子裡有 3 間臥室，它們都有各自的窗，因此會有 3 種不同的運勢。比方說帝寶，雖然住的都是有錢人，但是 1 樓的窗和 20 樓的窗，所看出去的遠景截然不同，運勢也會不同，所以窗也是占卜的一種，是卦象的反射。

　　窗除了預言空間、人的運氣以外，還有另外一個作用，是房子空氣流通的來源，也是氣流排出的重要關鍵。也就是說，如果窗太大、風太寒，就會感冒，也會造成財過人不聚的現象。如果窗太小，暗而無光，也可能讓陽宅變陰宅，除了視力、視線不明之外，還會造成憂鬱跟躁鬱。

　　另外，非常大而明亮的落地窗，會讓氣散財不聚，也可能造成居家內部格局財位的破壞。格局風水中說的藏風納

氣，最重要的重點就是一個空間裡，最好是一扇門窗，另外
加上兩面牆，便能藏風納氣。

　　窗最重要的作用，就是為我們選擇無可限量的遠方美
景，窗戶如果規畫錯誤，也可能會吸收到戶外不好的空氣、
不好的寒氣、不好的熱氣。所以古代的風水書都提到：「窗
為眼，門為口」，窗，是房子重要的關鍵之一。窗，也可能
讓我們賺錢，稱為遠方財。窗，也可能因為擺設在桌後，反
而導致我們犯小人、坐不住、安全感不夠的狀況發生。

　　以上是不同傢俱跟窗戶，產生互動所帶來的影響。那麼
接下來一起了解窗的上下左右前後。

::::開運方位深入分析::::

 朱雀

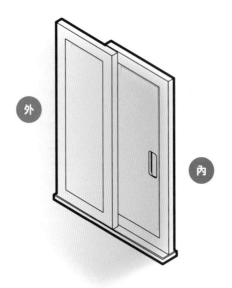

外　　　内

距離窗戶3~5步，面對窗外，眼前所見的景象的區域為朱雀。

　　我們要如何分辨窗的朱雀？很簡單，首先站在室內，從窗前退後 3 到 5 步，直接正視前方，由內向外看窗外，這就是窗的的朱雀。千萬要記得，這才是看窗戶風水好壞真正的標準，而不是把頭伸到窗外，從左到右去看吉凶禍福。

　　很多人在看朱雀的風水時，會把頭伸到窗外看左右兩側，遇到煞氣就恐慌不安，但是所看到的都是在牆外，對我們是沒有影響的。我們要把窗當成是一幅畫，去分析畫面中所看到的東西，這才是懂得現代風水、時尚風水的專業表現。

　　窗戶的前朱雀如果看出去是一片美景、一片藍天，代表會有遠方財，住在這棟房子或這間房間的人，從卦象來看，他要天馬行空、無遠弗屆、雲遊四海的話是通行無阻的，所以對飛行員、外交官、旅行業者或經商的人來說，這樣的窗外景致，會使運勢加分到極致。

　　當然窗的前朱雀看出去，也有可能遇到看不到天的情形，但是如果有很多的植物、植栽，一片綠意盎然、草木皆

茂盛，整個畫面充滿朝氣跟活力也很不錯。但有個前提是，所看到的這些樹都必須要距離你的窗戶 3~5 個門的寬度，一定要離窗至少這樣的間距，這樣才能夠真正看到一幅如詩如畫的景象，又同時擁有光源。

另外一點要注意的是，窗外的樹一定要是健康的，清新而亮麗、葉子茂盛、樹幹健康。反過來，如果看到的只是根電線桿或是枯木枯樹，草木皆枯萎，這是所謂的敗壞之相，代表春意不在，錢財不來，這時候就應該要把這棵樹移走，讓它消失在窗外的景色中。

很多人認為「開窗見樹」就是招陰，那是因為這棵樹擋到了光源才會招陰。所以在談科學風水時一定要明白古人之言其背後所代表的意義。

另外還有一種現象需要特別注意，樹幹如果是在我們從窗戶看出去的視線正前方，距離又離得很近，這就叫做「開窗見刀」。像一把刀一樣的樹，當然會傷眼睛或傷身體，同時也代表前方的路上會有小石頭，前途可能會受影響。

但很多人會把在遠方的樹，看成是一根針或一把刀，這倒也不必如此不安，因為遠距離以外的樹，在我們的視線當中，就好像一支牙籤一樣小，這難道會對我們造成傷害嗎？不必擔心，這樣的影響微乎其微。

很多人窗外看出去是遠山一波接一波，像元寶一樣，這種稱為招財美景，會為屋內的人帶來好的財運，可說是非常棒的現象。

但如果窗外看出去是看到鷹架、發電塔等，外型看起來就像蜈蚣一樣，有人稱為「蜈蚣煞」。如果是這個蜈蚣煞是在很遠很遠的地方，建議放個圓的凸透鏡掛在窗外。但有的人因為環境關係，住在電線桿或變電所附近，這些設備離住家的窗戶很近，這種現象會造成前途有阻礙物。如果住家有兩扇窗，可以選擇遠景比較好的窗來通風，看出去景色較不佳的這扇窗，就要做不透光的窗簾或者使用木板來做遮擋。

也有人打開窗是看到鄰近建物的轉角、牆壁的轉角，這種「出門見刀」最大的問題，就是氣流或氣場造成的噪音，

對於運勢來說，會讓這間房子或房間有噪音汙染，這時候就要記得將窗戶關上，同時也可選擇做窗簾遮蓋。

　　還有一種是很常見的，看出去是鄰居的房子，尤其是巷弄裡的房子，窗窗相對、相互監視，如果鄰居間相處衝突緊張，就要更加小心謹慎。這種狀況建議使用霧面貼紙，將霧面貼紙貼在玻璃上，這樣一來可以吸收屋外的光，但是不會受屋外的景影響，也對自己的生活有多一層的保護。

　　最害怕的是看到窗外別人家的生活百態，自己的生活同樣也被別人一覽無遺，這會造成住家不能藏風納氣、私生活被監視，導致心神不寧等相關問題。

玄武

站在窗外約3步遠的位置，看進窗內所見的區域為玄武。

　　有朱雀當然就有玄武，窗的後玄武怎麼看？就是從屋外透過窗戶，大概距離3步遠的位置看進窗內。

　　後玄武要注意哪些狀況呢？窗，彷彿是別人的眼睛，能

看到你的居家生活，簡單來說，如果從窗外能直接看到屋內的床腳，嚴重時甚至會有私密處外露的情形，那麼這個房間的主人睡覺、休息時會心神不寧，還會有爛桃花、房事不順等問題。面對這種狀況，可以利用衣櫃來阻隔，讓外面不會直接看到床腳，或是可以直接改變床擺放的位置。

也有從屋外直視窗內，看到瓦斯爐、爐灶的狀況，這代表在家中所享受的美食會外溢出去，也代表錢財外露，所招來的不是聞香下馬，而是引起左鄰右舍側目，進而覬覦你的錢財，因為看你吃好、用好，所以會來借錢等等。

再來，如果站在窗外往屋內看，會直接看到馬桶，這也是代表破財，以及私密生活完全被揭露，一定要立刻調整，可以用窗簾或是櫃子作遮擋。

所以總歸來看，基本上從屋外看進窗內，不要看到廁所、爐灶、馬桶和椅背，當然也不要看到門，會形成另類的穿堂風，而帶來不好的影響。

　　一旦遇到窗戶有設計會造成不良的影響時，一定要改變屋內的格局，將上述提到的傢俱搬移，若完全無法移動時，就要用櫃子或屏風來遮擋。

 # 天羅

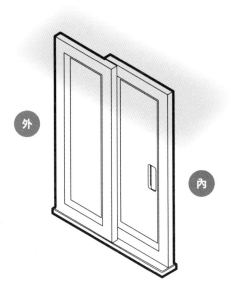

窗框正上方的區域為天羅。

窗戶的天羅指的就是窗戶上方的區域，有分為外天羅與
內天羅。

外天羅，就是窗戶外上方的位置，如果看到很多房舍、
很多的窗戶，就代表口舌是非多或是生活的私密性不夠，有
犯小人的危機。如果窗外的天羅看上去，是滿天星或是綠意
盎然，畫面宛如一幅畫般優美，都是可以讓運勢無遠弗屆，
加分到極致的好風景。

內天羅，指的當然就是窗戶內上方的區域，如果窗框距
離天花板愈寬，天花板愈高，代表能納貴人且長輩緣佳，可
以說是高人一等，能夠心想事成。另外，如果室內是圓弧的
天花板、代表「天圓地方」，也是加分到極致的設計。

我們在風水中常常提到「上明下暗」格局，對窗的天羅
也非常重要。上天羅一定要明亮採光好、要圓滿，如果在窗
的天羅裝間接照明，可以增加長輩緣，所以房間的窗框，內
或外的天羅，只要是高高在上、有挑高且有遠景，都代表著
長輩緣好到極致。

地網

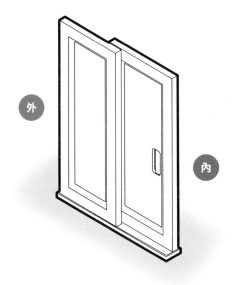

外

內

窗戶正下方的區
域為地網。

　　現在來談談窗的地網，地網指的就是從窗框的中心點出
發下方的區域，跟天羅一樣有分外內。

　　如果窗外的平地淤泥橫生、汙水迴繞，甚至雜草、雜物

從傢俱學會風水

橫生，這個外地網就會讓這個房子或房間的主人仕途崎嶇、財運不來、小人累犯，對運勢造成嚴重的影響。如果是河流的汙水、臭水，或是垃圾橫生、雜物堆積，這在運勢上的晚輩緣與貴人運幾乎可以說是無。

窗框的內地網，就是屋內的地面，如果是崎嶇不平的磚瓦、破裂的水泥地，或是塑膠材質的地板，都是非常簡陋而無法開運的。也代表這個房子或房間的人經濟拮据，而且無法腳踏實地工作，甚至於仕途、財路、官運都會下滑，與家人的和諧、互動狀況也是讓人堪憂。

反過來思考，窗戶的內地網，也就是這個房間內部的地面，如果是以純木頭或大理石、漂亮的磁磚作為設計，那麼代表腳踏實地，也能提升這個房子或房間的主人的財力、地位，也象徵房間主人是踩在金銀珠寶上面，代表貴氣跟財氣橫生。當然如果地板有龜裂，或有任何殘缺、破裂的狀況，一定要趕快修復，那是可能是一個警訊，為未來可能發生的壞事做一個預警。

056

青龍

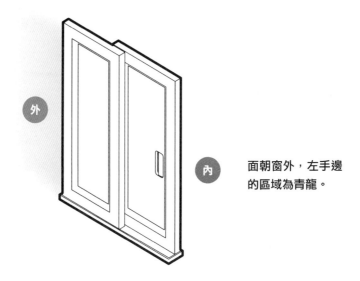

外

內

面朝窗外，左手邊
的區域為青龍。

　　窗戶的青龍怎麼看？很簡單，人站在室內窗框的前方，
不用退 3～5 步，直接看窗框的左外前方，就是左前青龍，
室內的左後方就叫做左後青龍。

　　左前青龍代表住這個房子、房間的人，他的男人緣、男性貴人運勢的好壞與否。如果這個位置是電線桿、汙穢的牆壁、垃圾場或是倉庫，那代表住在這房子的人，出外的男人緣很弱，也有犯小人的危機。

　　相反地，如果左前青龍看出去景色宜人，沒有雜亂的物品堆積，那麼就代表外出的男人緣很好，所以一定要保持左前青龍的整潔明亮，否則帶來不好的運勢。

　　至於窗戶左後方叫做左後青龍，如果室內空間這個區域，光線不佳、雜物橫生、牆壁有裂縫或是不乾淨，代表這間房子、房間的男性家屬的運勢有待加強，也可能表示跟家裡男性的關係比較不好，狀況嚴重的甚至會和自己的爸爸、兒子、兄弟等男性家屬交惡。

　　如果左後青龍剛好是廁所，那麼代表這個家中的男人所帶來的幫助不大，甚至會有拖累的現象。遇到這種狀況可以使用門簾將廁所做遮擋，或多或少可以減輕負面影響。

白虎

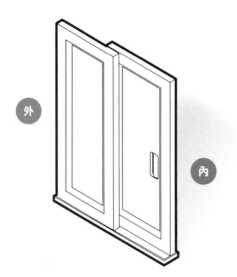

外

內

面朝窗外，右手邊
的區域為白虎。

　　和尋找青龍位置同樣的方法，站在門框前面，不用往前
或後退，直接從窗戶看右方即可，有分為右前白虎跟右後白
虎。右前白虎就是指外出、離鄉背井到外地的女性緣、長輩
緣，來自女性幫助的運勢好壞與否。

　　這個區域即使碰壁也沒關係，因為「龍長虎短」，虎邊可以短，只要保持乾淨就可以，自然會有來自女性的幫助。虎邊雖然不用一片天，但是也不要遇到電線桿、壁刀或是垃圾場，只要避開這些，出外的女性緣、女性長輩的幫助可以說是無微不至。

　　窗框的右後白虎，代表家裡的女性親戚的幫助，以及她們成就的好壞與否。所以窗框的右後方，代表居家女性的成就與女性親戚之間關係的好壞，當然也是要整潔明亮。

　　所以我們主要可以透過窗戶的周遭環境去了解長輩緣、外地緣與家人之間的關係。

：：：：開運材質與顏色解析：：：：

　　接下來詳細分析窗戶的材質跟種類。窗框有木框、鋁框，有的會使用玻璃、木頭的窗面，例如：百葉窗、舊時期的木頭窗。無論材質，原則上窗戶內圍的尺寸，都要以 21 公分的倍數為主。

　　窗框，在風水上來看要以實木為原則，但為什麼現在會有鋁製窗框？這是為了因應環境氣候，舊時期的木製窗框容易敗壞，經不起風吹日曬雨淋，所以改使用較堅固的鋁。

　　鋁製窗框對於我們來說是有幫助的，畢竟窗戶影響我們的視力，窗框只要一有損壞或窗上玻璃一破，都代表視力、眼睛的疾病產生。所以窗框堅固，可以防止發霉、破損，也會增進健康或預防身體產生疾病。

　　窗框的紋路跟窗格有分單格窗、4 格、6 格或 8 格，這都是在設計窗戶時要做規畫的。最大的差別是在於使用的窗面材質，有完全透明窗、霧面玻璃窗和茶玻璃窗，也分為會

反光或不會反光。

窗戶外層的玻璃，如果可以玻面如鏡是最好的，這樣可以把所有的煞氣全部反射出去，讓我們避免不必要的光煞跟形煞。至於窗戶內部的玻璃，以盡量不要是鏡面的為原則，因為要是窗戶反光照到家裡的床或門，會帶來口舌是非跟爛桃花，所以想要反光材質做為窗戶的時候，必須好好思考。

如果你發現窗內、窗外有煞氣，這時可以貼霧面貼紙來化解，霧面貼紙的好處是保留了該有的光源，消除多於的反射，這是非常重要的。

窗戶的材質雖然大同小異，但是玻面、霧面和茶玻璃各自會有不同的效果。什麼是茶玻？這其實就是黑玻璃，因為光太強會導致財不聚，室溫過熱則人不宜久留。

赤道附近的國家，太陽太大，形成風水所說的「光煞」光煞還包括戶外的霓虹燈、醫院的急救燈，以及日以繼夜亮著的路燈，又或者是旭日東昇的陽光和日落的夕陽，通常坐

東朝西、坐西朝東的窗戶會有這樣的狀況。只要是過度強烈的光源直接照到窗口，都是光煞。而茶玻或是鏡面的玻璃，可以用來化解光煞。

窗戶還有落地窗、天窗和廁窗。廁所如果沒有窗，通風排氣會失敗；很多人會在天花板開窗，像是閣樓就常常做這樣設計，好處是為暗而無光的房子開一片天，同時採光會增加居家內部的陽氣，如果是鬼魅存在的鬼屋，開窗愈多、採光愈好，就無法藏汙納垢，那麼陽氣很旺，也能提升健康。

最後再介紹一種狀況，是一面牆開兩扇窗，無論任何材質，都會形成兩個口，有人稱這種設計為「哭字窗」，這個時候必須二擇一，選擇保留有好遠景的窗戶，另外一扇窗就要做修正，使用木板遮擋或是直接將窗戶封起來，窗戶對我們生活的影響非常重要，一定要了解並善用窗戶風水。

｜居｜家｜開｜運｜筆｜記｜本

　　窗戶就像是眼睛，從窗內看出去的風景，左右我們的運勢。從窗外看進屋內的景象，也影響著居住者的健康。設計居家空間時，要記得窗子的內圍的尺寸，都是要以 21 公分的倍數為主，也盡量不要一面牆開兩個窗。若是窗戶外有強烈光線，一定要做遮擋以化解光煞。窗戶的天羅地網照顧好，男女長輩與貴人緣分能夠加成，為你帶來絕佳運勢。

CHAPTER 4

桌

:

四平八穩
助你得功名、旺家運

桌子種類百百種,選對材質、款式,放對位置,才能萬事亨通。

居家風水中，桌子的學問有很多，居家空間裡桌子的種類也非常多。古早時期老祖先講到桌子，最重視的就是佛桌，其次是餐廳的餐桌，也就是用來吃飯、迎賓、聚會的桌子。再來就是讀書的書桌，其中當然也包括辦公桌跟電腦桌。再來會提到茶几、小方桌、小圓桌等等。

空間格局的重點在於放什麼樣的傢俱，這會定義空間的用途。當放了馬桶，就是廁所；如果放了爐子，就是灶；放了張床，就是臥室了。桌子也是，當空間裡擺放佛桌，就稱之為佛堂；放了張書桌，就會成為書房；放辦公桌，就成為辦公室；放了餐桌，就成為餐廳。

除了空間的定位，桌子在居家風水上非常重要，因為除了聚會、工作、讀書以外，也與很多運勢息息相關。接下來會針對桌面以及桌子的擺放作全方位的說明。

佛桌擺得好，祖先庇護、五子登科、子媳興旺。餐桌，當然是好的食物也要有好桌子才能夠匹配，如果擺放雞鴨魚肉、山珍海味，代表是富貴人家。一張書桌，如果東倒西歪，

會導致功名無望，考試名落孫山。書桌透過好的擺設以及桌面規畫，能夠提升文昌考運。辦公桌也一樣，如果選到不好的位置、不好的材質、不好的擺設，會讓生意敗壞、公司倒閉，甚至家道中落。所以看一個人的桌子，就能知道他的社會地位及家運好壞與否。

　　有些人不在客廳放桌子，會造成孤苦伶仃的狀況。也有些讀書的人沒有書桌，那怎麼可能功成名就呢？除此之外，桌子還可以使用電腦、習寫書法、學習插花等等，因此，沒有桌子是無法讓你成功，也無法創造成就的。

　　桌子的款式千百種，有四腳桌、三角桌，也有單腳桌，還有設計成廂型底座的，看起來方方正正。桌子的形態也象徵著四平八穩的運勢，能為你帶來更好的財運跟考運。建議盡量用四隻腳的桌子，才能夠象徵四平八穩，那麼三足鼎立也可以，不過單獨一隻的桌腳，會形成疑似「房中針」的危機，就好像一根針或釘子，扎在你的客廳或書房，這個要一定要避免。

　　另外，家裡常見的書桌、餐桌、佛桌的大小，也決定了你的家世是不是顯赫？桌子若是愈換愈大，材質愈用愈好，代表你有這樣的需求，那麼就能賓客盈門、千客萬來。

　　桌形的選擇也是重點，桌子有不同的形狀，也有不同的意義。餐桌當然是以圓形為主，象徵圓融、和氣；辦公桌跟書桌當然要方方正正，象徵四平八穩。桌子的高度則需要配合人體力學，通常在 90 ～ 100 公分上下，這是無法改變的。太低的桌子會矮人一等，太小的桌子則感覺委曲求全，而太大的桌子會有曲高和寡、高攀不上的感覺。

　　桌子中只有佛桌要高，餐桌跟書桌要高低適宜，才能夠讓人精神飽滿地坐在桌前，並且揮灑自如。椅子則是與桌子相輔相成，就像人的上半身跟下半身，同樣也很重要。總歸居家內部的風水，我們稱桌子、椅子叫水財，衣櫃跟書櫃叫山財，如此一來，你就會明白這些傢俱的重要性。

：：：：開運方位深入分析：：：：

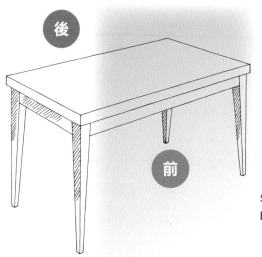

朱雀

坐在桌前，所面對
的區域為朱雀。

　　朱雀的位置很重要，各種桌子的判別方位如下，書桌和
辦公桌，當你坐在書桌或辦公桌前時，身體面對的正前方就

是前朱雀；餐桌，無論是圓的或方的餐桌，只要向桌子的正中間看，都叫做前朱雀；神明桌的朱雀位置，則是背向神龕，往前看叫做前朱雀。很多人會為了佛桌的擺放位置求神問卜，每一年都想要做調整，其實不用每一年都做調整，位置擺放正確比較重要。桌子的前方有幾個注意事項，務必要特別小心。

與桌子等寬，並且向前延伸的部分，就是前朱雀，左右兩側另當別論。前朱雀絕對不能對到廚房、廁所或是臥室的正門。這些位置都會讓讀書的人心神不寧、用餐不夠專注，好客人不來訪，更會讓神明無法加持。

而桌子的前方如果有窗會是好事。雖然不能對廁所門、灶門跟房門，但是不代表不能正對大門。因為佛祖不喜歡看廁所、廚房跟床，但如果能夠正向大門的話，稱為「向天迎神」，所以舉凡大廟裡大雄寶殿的神桌、神像都是向著大門的。也有的佛桌會面對牆壁，這感覺像是要神明面壁思過，絕對是錯誤的規畫，如果真的無法避免這種擺設，就在佛祖前面放一幅山水畫，造山、造水、造風景也是補救的方式。

最大的原則是，不要讓神明的臉正對廁所及廚房。

　　關於書桌，正前方有窗有門，都代表空氣新鮮、採光得宜，也代表遠景看好，那麼金榜題名、高中狀元自然大有機會。若書桌正前方，不得已必須要面壁的話，很容易會形成座位後面有走道的狀況，代表容易犯小人。

　　在書桌面壁的情況下，建議在桌上放一面小鏡子，能夠反射座位背後的危機，也能讓你有個不再因為撞壁而灰頭土臉的考運。書桌正前方如果有堆積如山的雜物，會讓人心情低落、情緒不穩定，所以桌面一定要保持整潔。

　　餐桌正前方也不能凌亂、不能雜物橫生，盡量保持淨空或擺放花卉，能夠增加餐桌前朱雀的好兆頭。

玄武

坐在桌前，背後的
區域為玄武。

　　再來就要研究桌子的後玄武。佛桌，請背向神龕，後面
就是玄武。很多人忌諱佛桌後方有樓梯，因為樓梯上下產生
的聲音，會影響到神明的安寧，擾神會帶來不好的運勢。廁
所也是會盡量避免安排在神桌背後的區域。由於古代建造房

屋以木頭隔間，固然能避免的就盡量避免，所以神桌背後，最好有面扎實的土牆作為有靠，讓神明桌有依有靠。

　　書桌跟餐桌也一樣，餐桌後有牆可靠，讓家人能歡樂一堂，能夠提升凝聚的機會，代表人氣旺盛。餐桌背後指的是桌子外圍，以圓桌來看的話，每個人的座位後面，方桌也是每個座位的背後。背後有靠，便能安居樂業，家人齊聚會、和樂一堂，也有凝聚人氣的作用，這是餐桌後玄武的加分風水。

　　書桌，有的人不但後無靠山、後無牆，甚至後方有窗、有門，這會讓使用這張桌子的人心神不寧。這種狀況時常發生在父母幫忙小孩房間擺設的書桌。通常礙於空間，多半父母會選擇孩子書桌後面有走道、有門。這樣會造成小孩讀書心神不寧。

　天羅

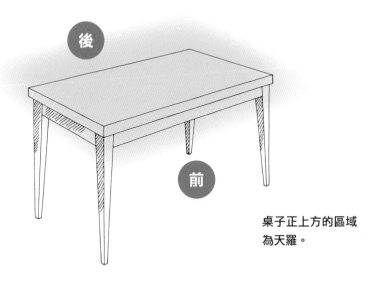

後

前

桌子正上方的區域
為天羅。

　　桌面以上的區域叫做天羅。任何的桌子都有桌面,曾經
有人把祖先牌位跟佛像擺得東倒西歪,如此一來,神明加持
力量減弱,導致家族運勢敗壞,家人、長輩疾病纏身。

　　桌面如人臉，有如門面，包含佛桌、餐桌跟書桌的桌面一定要整齊清潔之外，更要擺設的有條不紊。該有的佛像擺放規矩，一定要照傳承的去做。三尊佛像，以尊中、尊左、卑右原則擺放，中間為最大，神明在左邊，祖先在右邊。佛桌桌面的擺設，該有的香爐、蠟燭、佛燈，都要擺放好。

　　至於餐桌桌面，如果有破損、有龜裂，都是一種預警，可能有災難將至，要有所警惕。書桌的桌面如果擺上鈔票，就代表想賺錢；擺風景畫代表你想旅遊；擺心愛的人照片代表愛家、婚姻有成，也都能有鼓舞自己的力量和作用，這也是桌面開運風水安排的一個建議。所以餐桌也好，書桌也好，桌面如果是雜亂無章、東倒西歪，甚至還有蟑螂在跑來跑去，這將會是考運下滑、家運敗壞的跡象。

　　另外，桌子的天羅，燈光要亮，同時要記得燈管一定不能用直的，用間接照明或是圓燈比較好，很多人佛桌上面的燈管直接衝到佛祖、神明的頭部，都有不敬神、擾神的危機，要盡量避免。

地網

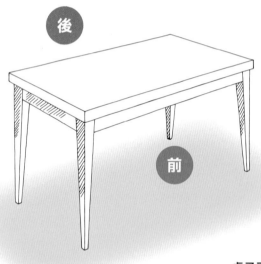

桌子正下方的區域
為地網。

　　桌子的下方叫做地網，有時候是穿透性的，雖然非常透
氣但不聚財。最好把前方和左方包覆起來，這樣才能夠聚
財。不論是讀書的書桌，吃飯的餐桌，比較不會因為地面的

寒氣所影響，也能讀書讀得久、坐得久，讓自己更加穩紮穩打、四平八穩地迎接考試，迎接事業。

　　桌底下的地網更要注意，擺放垃圾桶或是堆積惡臭的鞋子在桌下，都會增加晦氣，導致不好的氣場，一定要有所謹慎，如果能放個地毯在桌子的地網上，可以讓腳踩上去有滿滿的感覺，接地氣的同時也能增加考運。最好以紅色為主，這都是透過地網提升運勢的方法。

凶 青龍

坐在桌前,左手邊
的區域為青龍。

　　桌子的左邊,稱為左青龍。佛桌左邊的青龍位置,以保持淨空、明亮為原則,不宜有廁所。不過很多人會問:「沒辦法,左邊就是有廁所怎麼辦?」無論餐桌、書桌或佛桌左

邊遇到廁所，都要加布簾遮擋。畢竟是在視線範圍內，而且帶來的形煞跟味煞影響很大。不過如果廁所是位在左後方，左後青龍的位置，那影響就有限，因為至少看不到，危機就會比較小。

　　無論佛桌、餐桌或書桌，左邊有廁所容易陰盛陽衰。會讓這個家的女人運比較好，男人則暗疾纏身、欲振乏力，官運考運都會下滑，反而是女人撐起一片天。所以空間如果夠寬敞可以做隔板，或是在廁所前做屏風，這些都是改善風水的好方法。

　　佛桌、餐桌、書桌的左邊，如果有電風扇或是冷氣的出風口，以及燈光都會是加分的，這代表龍邊明亮、龍動，能增加男主人的活動力、生命力及行動力。

凶 白虎

坐在桌前，右手邊
的區域為白虎。

　　桌的右邊，我們稱為右白虎。特別以佛桌來看的話，右
邊的間距要短一點，左邊則要長一點，代表龍長虎短，帶有

後路。不過一旦有雜物橫生、垃圾橫放，就會有小人，桌子的右前方都代表外面的小人，右後方則代表家族裡扯後腿的親戚朋友。因此要好好的規畫跟收納才能跳脫這些危機，所以桌子的前後左右歸納，都不能有太多的雜物跟垃圾，也不要囤積不好的東西。

　　簡單區分，書桌、餐桌、佛桌的左邊代表男主人的運勢，右邊代表女人的運勢。龍虎的差別在於「左龍揚，右虎陰」，所以書桌、餐桌、佛桌的右邊，以保持淨空，不要有雜物為原則。

　　不得已遇到廁所怎麼辦？在右邊總比在左邊好，因為龍要乾淨，虎不怕臭。最重要的就是餐桌、書桌與佛桌，不要正對廁所，也盡量不要左邊有廁所，右邊是還可以接受的，一定要記住這個概念。無論廁所在哪，都要加個布簾，避免不要的穢氣、濕氣外溢。

:::: 開運材質與顏色解析 ::::

桌子的學問很多，有方桌、圓桌等等不同外型及各種材質。首先討論佛桌，傳統上對佛桌的要求，希望是可以百年流傳的佛桌，所以會選擇最好的木頭來製作，讓列祖列宗安放牌位，加上最好的烤漆修飾、最好的雕刻加分，搭配上人跟樹木的感情，是有很深的淵源，人植樹，樹造就我們的傢俱，所以愈重的、材質愈好的佛桌，也代表它愈穩重、愈可靠。從這個概念出發，佛桌、餐桌、書桌的材質，當然是建議以原木為主要選擇，鐵的材質不會呼吸，不會增加溫度，更不適合當書桌。

餐桌部分，常見的有圓形和方形。圓形的餐桌，五行中屬金，如果使用木頭材質，反而不建議，除了不夠耐用之外，也比較不好打掃清理。因此圓餐桌，建議選用金屬或是石頭的材質。因為石頭屬土，圓桌屬金，相生加分。圓餐桌如果選用金屬材質，則是金金相生，也是加分的選擇。

除了餐桌以外，書桌跟佛桌都要以方形為主。除了方正之外也能接地氣，更代表四平八穩。尤其書桌與人在一起，不能寒氣太重，因此石頭跟金屬等寒系材質都不建議使用，在金屬材質書桌坐久了、讀書讀久了，會有莫名的寒氣。「寒」代表冷，冷就代表失落，代表無法提升人氣，所以書桌還是建議用原木方桌為主。

如果書桌上能雕龍刻鳳，再加上吉祥圖騰，就是喜上加喜，所以舊時代的書桌會有這樣的設計。不過因為現代人的審美觀，書桌不會雕龍刻鳳，多半走時尚路線，只要材質一樣選擇木頭，加上不同顏色的烤漆，也會增加不同生肖的運勢。最百搭的顏色就是米色、黃色，為了保持好整理與收納，建議使用深色如：黑色、灰色，在風水上稱為「上明下暗，上圓下方」，能夠四平八穩地增加考試運勢。

佛桌很少人會用白色的，通常選擇原木色或黑色，顏色帶來的扎實的感覺跟原木材質的加分，是非常好的選擇。另外佛桌的高度，一定要比餐桌、書桌都要高，讓神明跟祖先高高在上，以 21 公分的倍數為參考來安排尺寸。

最大的忌諱是佛桌桌面，放鏡子或放玻璃，在風水學上會形成倒神危機，也就是會形成神像的倒影，反而會帶來可能無法預料的危機。

至於書桌，則會建議，早期很多人會放玻璃，現在則不宜，改用壓克力或塑膠軟墊為主，比較能夠保持應有的熱度及避免光煞。而且桌面放玻璃，在燈光照射下，反而造成眼睛的傷害，會產生莫名的不適感，反而讓人坐不住、坐不久，結果成為想要功成名就、金榜題名的阻礙，也會跟考試成功有了更多的距離。

另外，桌子很忌諱全透明，雖然前衛時髦，但是無法接地氣，就無法迎接好運，也無法在擺設上做更好的規畫，變成有水沒有財，有桌子但是無法聚財的狀況。就彷彿透明的玻璃聚寶盆，怎麼有辦法聚財呢？大家對桌子的選擇與材質要有所謹慎，才能迎接意想不到的大好運跟考運。

｜居｜家｜開｜運｜筆｜記｜本

　　桌子的學問非常多，要更加謹慎小心去了解，有人甚至對桌子的長、寬、高，包括桌角、桌緣的設計都非常的謹慎，除了風水，也是對桌子尊重。另外，無論是佛桌、餐桌、書桌，桌面下很多人會堆積雜物，那會對神明不尊敬，也代表地氣敗壞，也代表我們説的考試運不好，貴人不來，神明不庇護都是息息相關。

CHAPTER 5

椅

：

坐得好，
升官發財非你莫屬

坐對椅子，腳踏實地，運勢如猛虎勇往直前。

　　傢俱中除了桌子、櫃子等，椅子跟我們的生活也是非常息息相關的。我們主要分為辦公椅、沙發椅跟讀書用的椅子，當然還有很多人會選擇休閒性的藤椅等等，不同的椅子都有很大的學問。也能透過椅子，反映出使用者的社會地位與財富狀況。

　　椅子不只是開會、聚餐不可或缺，也是看電視、休閒時，家人凝聚一堂時少不了的重要傢俱。常見的可分為單人座、雙人座，或是較長的三人椅。外型上又分為有無靠背、有無扶手；以高度來看又有分為高腳椅跟矮凳子；材質上則可分為純皮做的皮椅，布質做的布椅，以及完全使用原木做的木椅。不同款式的椅子會讓使用者的運勢加分，當然也可能減分。

　　扶手，代表地位，尤其工作的辦公椅或學習時和書桌搭配的椅子有扶手的話，代表你的空間很寬敞，也代表你在公司的地位很高。椅子的左右兩側如果沒有扶手，會顯得比較孤苦無依、左右不逢源且人脈差。同時也可能代表工作的環境感到壓迫，除了沒有扶手外，甚至也沒有靠背也就是沒

靠山的話，這有可能是從事工務的人，平時辛勤地靠勞力工作，勤勞當然也有錢賺，但就是有可能社會地位不夠高。

　　椅子最忌諱的款式就是高腳椅，那會讓雙腳無法踏到地面，這種讓腳懸空的高腳椅大多出現在酒吧、酒店等場所，再加上黃湯下肚便飄飄然，很容易形成心智敗壞、頭腦不清、徬徨無措的情形，所以高腳椅只能放在酒店、早餐店及咖啡廳，稍微小坐一下，不影響運勢。但是如果是平時一般在家或是工作、讀書時坐這種高腳椅，就會造成運勢的敗壞，要多加注意。

　　另外，椅子另一個大忌諱就是過深、過高，過深的椅子也會導致雙腳無法接觸到地面，跟高腳椅是一樣的意思，對自己的運勢也不好。另外還有小椅子，原則上這是設計給小朋友坐的，但很多大人也會坐，在風水角度上，坐太矮、太小的椅子，都會讓人大志難展、矮人一等，也會讓工作、財運的發揮受到限制，是非常可怕的影響。

　　很多人會在選擇椅子的同時，同時把抱枕和其他相關的

配件一起規畫，這麼做也是有附加價值的。尤其當椅子沒有扶手時，能透過抱枕提升運勢，讓你左右逢源。

　　椅子的位置擺對，就能夠左呼右應、一呼百諾，自然也就貴客盈門、千客萬來、家和萬事興。但要是擺錯位置，有時候就連做對也會被講成錯的，也就是說打官司、開會理論等等，都會面臨氣勢轉換變弱的危機。當然，椅子的位置，也無法跳脫前後上下左右的風水禁忌，現在就來幫大家做更深入的分析。

∷∷∷ 風水方位深入解析 ∷∷∷

朱雀

坐在椅子上，眼前所
面對的區域為朱雀。

　　前朱雀，就是坐在椅子上所面對的正前方，最忌諱的就
是看到廁所或廚房。看到廁所就是「抬頭見廁」，病痛難測。

「抬頭見灶」，脾氣易煩躁。此外也不能看到床，想想如果看到床，難道不會想睡覺嗎？這樣如何提升工作的戰鬥力？椅子正前方也有可能會遇到壁刀，如果椅子的正前方，正好是牆壁的轉角，這時候就要考慮把椅子跟桌子轉向，因為這突如其來的刀子是很可怕的。

椅子正前方，除了有禁忌之外，當然也有可以加分的風水，水可覆舟亦可載舟嘛！椅子的正前方如果是窗戶，那麼代表窗明几淨、採光成功；椅子的正前方，如果可以看到門，就不會再犯小人，也是加分的規畫，代表所有的妖魔鬼怪、蟑螂、老鼠等，都不會從你的後面來，而影響到你工作、閱讀的寧靜。

如果座位正前方沒辦法有窗戶，至少讓椅子左邊明亮，左邊明亮就代表龍明虎暗。椅子正前方也建議前面盡量不要撞壁，但是很多書桌正前方都碰壁，這時候可以在座位前方放風景畫，或是擺放一些書，達到提醒自己多讀書同時創造遠景的效果。

椅子的正前方，如果有一盞燈，稱為明燈，這盞有開運
作用的明燈，可以照耀椅子前方的一切，代表前途光明。

還有人會在椅子搭配的桌上，例如：餐桌，擺上花卉提
升好的運氣，風水上稱為百花齊放、花開富貴，都是加分的。
如果開運的春聯，貼在椅子的正前方的牆壁上，也會提升自
己的好運氣，或是放一幅小的山水畫或是花卉圖騰，尤其是
牡丹花，都能讓自己每天讀書有好兆頭、好心情，椅子前朱
雀的規畫非常的重要。

 **玄武**

坐在椅子上，背後的
區域為玄武。

　　其次，講到椅子的背後叫後玄武，這個區域也充滿學
問。有的人椅子有靠背，有的是沒有靠背。椅子沒有靠背代
表無依無靠，通常會坐這種椅子的人，可能本身的處境比較

艱鉅，工作及社會上的地位稍微偏低，也可能因為環境比較險峻，所以根本沒有機會去放有靠背的椅子。

因此椅子盡量都要有靠背，但千萬不要鏤空，椅子的後背鏤空，代表氣散財不聚，也代表將會遇到有依沒靠的貴人，有可能有來幫忙你的長輩，幫一半就跑掉的情形，所以椅子的玄武，除了有靠背之外，且還要愈高愈好。

看看歐洲皇室、國王，他們的椅背高不高？幾乎比人還高！所以結合風水與建築美學，想要開運的話，椅子靠背的設計當然愈高愈好，至少人坐進去，椅背要高過頭才能加分。不過當然也要看居家空間的大小，高椅背如果會對視覺效果造成影響，給人壓迫的感覺反倒形成扣分。

概括而論，椅子的後面有靠背更好，但如果沒有的話，椅子後面至少要有一面牆，後玄武有牆，至少有山可靠，如果再放一幅山水畫、十字架或是觀世音的圖像，俗稱狐假虎威，就像是有貴人在背後當靠山，也是很好的選擇。

　　最重要的忌諱是椅子背後不能對門或是窗戶。椅子正後方有門窗絕對犯小人，要用晶洞的石敢當或是屏風阻擋，避免小人從背後來。椅背後還忌諱有一面鏡子，不但坐不穩、坐不順，還會形成更多的小人來侵犯、迫害。

　　很多人的椅子背後，尤其是沙發椅的背後，剛好是臥室的轉角，這樣的規畫會形成背後有一把刀，我看過的案例中，這會造成夫妻失和，導致家中沒有男主人的情形，這種狀況不勝枚舉。這種時候可以將櫃子跟牆壁連接在一起，形成一個櫃子跟牆壁密合，延伸變成一個靠山的設計，或是直接把沙發轉向，避開壁刀。

　　另外還有很多華麗的豪宅，會做電視掛在牆上的規畫，並且把客廳的沙發後面設計成走道，這會造成家人不聚、男人坐不住，而變成孤苦伶仃的豪宅。

 天羅

椅子正上方的區域為
天羅。

　　椅子的正上方稱為天羅，座椅上方如果有樑可以說是
「當頭棒喝」，無論讀書的椅子、客廳的椅子還是辦公的椅
子，只要在樑的正下方，就會有莫名的壓力，這種狀況要在

樑頭放五帝錢或葫蘆來化解。

　　頭的正上方除了樑之外，也有可能是一根直直的燈管，長型燈管在椅子正上方，彷彿是萬箭穿心，所以頭上一把刀在椅子正上方，這個天羅是非常失敗的，盡量改使用間接照明或圓燈，讓天羅一片光明，為自己帶來好運勢。也有人的椅子上方有縱樑也有橫樑，遇到這種狀況非常簡單，只要把桌子、椅子移到別地方就可以了，找一個天羅平順明亮的地方，問題就會減少。

　　有很多人會在椅子的上方堆積雜物，或是將床和椅子設計成上下舖設計，這叫做泰山壓頂，會讓生活產生壓力，一旦碰到考試、工作壓力會更大，形成莫名的憂鬱跟煩惱。所以椅子的上方，最好是以平整而且採光好為原則，符合風水中上明下暗，抬頭看見舒服的畫面，就會對未來充滿期待。

 # 地網

椅子正下方的區域為
地網。

　　椅子的下方稱為地網，有很多的人椅子下方是崎嶇坎坷
的地面，這會造成官運、財路不順遂。而有的人椅子下方的
地板會用反光的材質，這稱為反光煞，會導致陰陽、上下顛

倒，會讓坐在椅子上面的人，有一種空飄的感覺，也會導致
不腳踏實地、好高騖遠，做事會茫然無措，整體運勢跟著起
起落落。

　　椅子下方如果有樓梯，是形成踏空的煞氣，也會造成運
勢上的不順。總歸來說，椅子下方最好能擺放地毯，讓我們
的雙腳接地氣，同時也更加暖和，而形成地氣跟熱氣，也就
是人氣！當然如果能夠用木頭材質做為地板就更好了，代表
能夠腳踏實地，在運勢上面也能有一定程度的提升。

 **青龍**

坐在椅子上，左手邊
的區域為青龍。

　　現在來談談椅子的左邊，也就是左青龍的地方。椅子的
左方代表家裡男人的運勢，無論是書桌椅子、客廳的主座位
還是梳妝台的座位，向前延伸左邊，如果是開闊明亮，空氣

流通的，都代表出外的男人緣很好，風調雨順。

座位的左後方，則代表家中男性的貴人運，無論是年長的貴人、居家的貴人還是晚輩的貴人，都能夠在運勢上給予加分的作用。

椅子的居家風水跟其他傢俱有點不太一樣，我們通常會要求傢俱左青龍前方是開闊、明亮的，如果碰到冷氣機或電視機都是加分的，唯獨椅子尤其是左後方的區域，雖然要開闊明亮沒有錯，但要注意可能會形成座位後面有空間，容易犯小人，因此在這方面的空間規畫要更加小心謹慎。

基本上建議椅子的左後方盡量保持「以靜制動」，保持平常心，不用太過緊張，可以多多觀察，如果運勢上稍有不佳的狀況再做調整就可以了。

 # 白虎

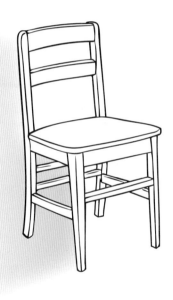

坐在椅子上，右手邊
的區域為白虎。

接著是椅子的右方，這塊叫做右白虎的區域。如果白虎

可以跟玄武，也就是有手邊及後背的區域，能夠形成 L 型的直角，就是最佳的規畫，簡單來說，就是椅子的右後方最好是牆壁，因為都說「龍要長虎要短」，白虎要短、要安靜。所以右方的白虎跟玄武形成 L 型轉角，才能夠藏風納氣。

椅子要擺得好，重點在於右後方的白虎跟左後方的青龍要盡量是收攏的，最好青龍白虎可以形成一面牆，如此一來右後和左後都不會有開闊的空間，才不會小人從背後偷偷來。

如果座位的青龍和白虎之前有牆連接，這時候可以選擇離左邊的牆遠一點，離右邊的牆近一點，這會形成納財但是又不會犯小人的格局，可以說是椅子最好的擺放方式。

:::: 開運材質與顏色解析 ::::

如果是木質的椅子，從生肖五行來看，木質椅比較適合屬虎、兔、蛇與馬的朋友，因為火木相生。如果是屬鼠跟豬的則叫水木相生，這種材質跟生肖所結合的開運，也要將禁忌跟動線一併考量，才能幫運勢加分喔！以上 6 個生肖，除了使用木質的椅子之外，也可以選擇墨綠、深綠色的皮質椅，這也能幫自己運勢加分。

除了木頭的椅子外，還會建議選擇皮質椅子跟布質椅子，因為皮質本身會呼吸之外，同時也能保暖。皮質椅也象徵了社會地位，用好的皮質椅，彷彿騎在一匹很優秀的馬上面，可以讓你以千軍萬馬之姿乘風破浪，而且舒適度、保暖性各方面的性能都很好。同樣地，不管是職場上的椅子，還是會客、餐廳吃飯用的椅子，材質用得愈好，愈能為你帶來成功。

要記住保暖就是熱氣，也代表人氣，當然能提升好運勢。所以除了皮質以外，布質椅也是不錯的選擇，它也具有

保暖功能。

一般來說比較少人在家使用石椅，這通常是放在戶外的。為什麼大家都不喜歡使用石椅呢？這是因為石頭沒有辦法呼吸，不能保持溫度，就是一張冷冰冰的椅子，不過因為它耐曝曬的特性，所以很多室外空間會使用，例如庭院、花園或是墓園。

俗話說「坐冷板凳」的意思其實就是坐石頭椅，所以住家千萬不要選擇石頭材質的椅子，如果朋友造訪或是家人聚會，大家通通都坐冷板凳，會一路冷到底，毫無朝氣、人氣，所以石頭的椅子在風水中是很大的禁忌，居家空間千萬要忌諱少用為宜，最多只適合戶外擺設。

另外，還必須要提醒大家，居家除了石頭材質不能用之外，鐵製的椅子也要少用。鐵製的椅子比較常看到出現在公園、公車站等地方，那是因為鐵椅防風、防雨，是不能夠帶來好運氣的。

在這裡特別跟大家提醒一下，雖然鐵椅因為寒氣逼人不宜使用，代表冷冷清清，空無一物，會影響財運，但是，如果金屬鐵製的架子，則是不可或缺的喔！

再來還忌諱使用塑膠材質的椅子，這個材質的任何傢俱，彷彿是居家風水裡頭的假山、假水、假花，不但不能透氣、吸汗，甚至還會造成很多病痛跟濕疹。所以塑膠類的椅子千萬不要用！原則上塑膠材質，是一種拋棄式的選擇，不適合長久使用。

除了材質以外顏色也非常重要，顏色以採用深色、黑色為原則，像是深咖啡色、黑色、墨綠色都可以，如果用真皮材質來選擇更為加分。這種顏色的椅子除了百搭之外，也可以形成風水中所說的「上明下暗、上輕下重」的最佳配置。

還有一個重點在於很多人會在椅子的下方堆積一些雜物，這會帶來不好的運氣，這種錯誤的擺放，使客廳或房間變成藏汙納垢的空間，會形成無法預期的危機跟災難。

｜居｜家｜開｜運｜筆｜記｜本

椅子的正前方，首先最忌諱的就是看到廁所、廚房和床，會有病痛與心神不寧的狀況。椅子的正前方，如果是花卉的擺設，草木皆茂盛，能帶來好運勢。椅子的後方，若有山水畫有觀音圖像或十字架做依靠，象徵著有貴人當靠山，可以減少犯小人的機會。椅子的地面，建議擺放地毯，可以聚攏熱氣也能增加人氣。另外，也不要在家裡使用高腳椅、鐵椅、塑膠椅和石椅，材質建議以木質、皮質、布質搭配金屬支架，再搭配深色，就能有一張可以幫你帶來好運是的椅子了！

CHAPTER 6

櫃

：

收納財寶
也收納福氣與好運

櫃子，諧音就是貴氣的貴、高貴的貴，靠收納貴氣橫生。

　　櫃子在不同的空間都有很多不同的作用，除了可以好好保存珍貴的物品外也可以做收納使用，家裡擺設凌亂、格局風水不佳時，也可以藉由櫃子來做調整，以便改善運勢。

　　可以利用櫃子阻擋廁所跟廚房的煞氣，也可以讓客廳、臥室，因為有了櫃子而增加了看不到的財位。櫃子在居家空間中，彷彿是一座一座的山，櫃子擺放得好錢財自然好，櫃子擺放錯誤，也可能會遮光、遮風，遮擋了遠景，反而讓陽宅變陰宅。

　　櫃子有分矮櫃跟高櫃，除了作用都不一樣外，運用在風水中也有很大的不同。簡單舉個例子，酒櫃用來保存酒，酒會愈放愈醇，愈放愈有價值，因此酒櫃有聚財的作用，酒，就是一個財。

　　其次是衣櫃，衣服可以保護我們的皮膚，我們都期望有吃穿不愁、豐衣足食的生活，如果沒有好的櫃子，怎麼收藏我們的衣服呢？所以衣櫃是健康跟財富的代表。

　　除此之外還有鞋櫃，因為鞋子跟鞋盒，有「邪」的諧音，鞋子擺放時鞋頭向大門外、向上，鞋子本身就會有異味，這時就要靠鞋櫃來阻隔壞風壞水裡面的惡風，基本上造成空氣汙染的，包括油煙、鞋子的臭味，還有藏汙納垢的，都是風水裡最需要重視的風，所以鞋櫃一定要有門，鞋櫃沒有門，就如形同虛設的鞋架，那麼會讓出入口的風氣敗壞。

　　上述幾種櫃子通常酒櫃放在餐廳，衣櫃放在臥室，鞋櫃則放在大門出入口。安排的得宜能開拓好財源、好桃花。

　　居家空間也很重視味道，花香、果香、茶香跟書香，可以透過櫃子所存放的物品而散發。因此書房如果有個很好的書櫃，那麼就是增加智慧財。至於書櫃需不需要門呢？書櫃跟鞋櫃不一樣，書櫃所散發的是書香，所以書櫃可以不用設計門，這之間的不同要分辨清楚。

::::開運方位深入分析::::

 朱雀

背對櫃子，所面對的
區域為朱雀。

　　櫃子的擺設依舊跳脫不了前後上下左右的方位，先拋開東南西北的疑惑，專注在它的功能性以及從空間美學的概念來看。辨認櫃子朱雀的方法很簡單，只要背對櫃子，所面對的正前方就是前朱雀。

　　鞋櫃的朱雀，如果正對居家出入的大門，就一定要有門，才能阻隔臭氣。如果是酒櫃的正前方，忌諱放床或是椅背，因為玻璃的酒櫃會形成反射。書櫃的正前方，如果是書桌或是椅子，就會使閱讀者身後有書，書就像是山一樣的依靠，會帶來極致的加分。衣櫃本身就有鬼衣飄飄的疑慮，如果沒有門，會形成「鬼衣煞」，打擾睡眠使人心神不寧。

　　衣櫃的正前方還有個問題，許多歐美國家的人，會在衣櫃的門上裝一面鏡子，真是有一好沒二好，這樣會形成的「鏡照床」，在居家風水看來，是必須要避諱的設計。

玄武

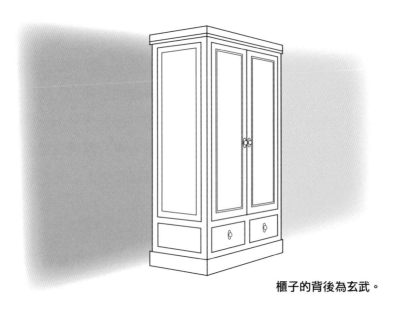

櫃子的背後為玄武。

　　櫃子的後玄武,指的就是櫃子的正後方。如果把櫃子當作隔間使用,櫃子被面一定要是美背設計,否則會破壞居家

風水。

很多人利用衣櫃來阻擋廁所或是門衝，像有很多的臥室
進門會直接看到床，這時候就能夠用衣櫃來阻擋，要注意高
度一定要高過廁所的門，衣櫃的背後一定要美背，才能利用
衣櫃背部去正對廁所的穢氣，形成加分的作用。

因為衣櫃本身就是靠山，所以最忌諱背後是窗戶。所有
櫃子的後玄武，如果是窗戶的話，會造成遮光、遮風、遮好
運，甚至阻隔了陽氣的流露，造成睡眠不足、心神不寧，所
以櫃子一定要避開窗戶，以免影響氣流的流通。

天羅

櫃子正上方的區域為
天羅。

　　接著談到衣櫃上方，也就是天羅。鞋櫃、酒櫃、矮櫃等，

通常這些櫃子因為不涉及床位跟沙發，所以比較沒有樑壓頭的問題，反而有頂樑的作用，可以為我們減少頭頂樑柱帶來的厄運，這是一般風水裡頭比較另類的建議。

一般認為樑會壓床、壓沙發、壓佛桌，而櫃子就是來頂樑的，所以櫃子上方有樑，反而是加分的，這個原則通用在所有的櫃子上。

有些廚房的瓦斯爐上面會做櫥櫃，這時候就能發揮頂樑的作用。在書房的書桌的前方如果有樑的話，可以用書櫃來頂樑，如此一來就可以讓讀書的人不會陷入坐在樑下的危機，這時候書櫃除了有一股強迫讀書的人往前的動力，又同時可以幫助讀書的人避免樑的作用。

大家往往「談樑色變」，看到樑就會很害怕，其實不用擔心，櫃子有支撐的作用，只要好好規畫居家格局，甚至於讓櫃子跟樑結合，反而形成加分作用。

此外，櫃子有還有更奇妙的作用，因為居家風水有很多

「房中針」，也就是房內獨立的柱子，單獨孤立在客廳或臥室，這個時候可以將上方的樑和柱子側邊的牆壁整合成櫃子，那麼就可以把房中針化有為無。

所以櫃子不怕樑、不怕柱，反而有擋樑合柱的作用，在風水上是很巧妙的運用。所以一個好的櫃子，會帶來好的貴氣、好的財運，還能夠藏風納氣，更可以利用意想不到的絕妙方法，創造好運勢。

地網

櫃子正下方的區域為
地網。

　　櫃子前後的地面就是地網，很多人會擺放雜物，反而陷
入了財位堆積垃圾的危機。

　　櫃子的後方如果是空的，只有側邊靠牆，就會形成一個L形的空間，其實這就是人造財位，有時候不注意地面堆放垃圾或囤放雜物，反而形成有了財位卻破財的擺放，從加分變減分。

　　有些櫃子擺放甚至會有開高走低的財運與莫名破財的危機，所以櫃子的後玄武跟後地網，都要小心謹慎面對才能化解。

青龍

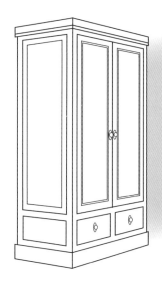

背對櫃子，左手邊的
區域為青龍。

　　由櫃子向左延伸，叫做左青龍。左邊代表的是男生運，
而櫃子本身是收納作用，也沒有分為男生櫃或女生櫃。

　　假設這是男生在使用的衣櫃，會建議衣櫃左邊的空間要

比較開闊、明亮，這樣才能為衣櫃的使用者帶來運勢加分的
作用。

　　很多人會在衣櫃裡面放保險箱，保險箱代表這個衣櫃的
財神廟。在保險箱裡放金銀珠寶的情況之下，左邊明亮有利
於男性，可以使財運亨通。

白虎

背對櫃子，右手邊的
區域為白虎。

　　白虎指的就是櫃子向右延伸的區域，如果櫃子是女生使用的話，建議右邊，也就是右白虎要開闊、明亮，才能為運勢加分。

　　有如先前提到的，若是女性在衣櫃裡放置保險箱，衣櫃的右邊要保持明亮開闊、通風好，並且保持乾淨，這對女生的財運是加分的。

::::開運材質與顏色解析::::

　　針對酒櫃、鞋櫃，矮櫃、書櫃等，從風水的角度分析，它們的作用跟其他傢俱是截然不同的，因為櫃子種類、功能繁多，內部的設計也大相逕庭，這些都會影響風水，也要請大家務必謹慎選擇合適的櫃子，現在就來帶大家深入了解櫃子的風水學問。

　　很多櫃子都有門的設計，有的是玻璃門，有的是木質門，當然也有些櫃子沒有門，這些材質在風水上都有不同的意思。櫃子的重點還有裡面擺放的東西，放好東西就會有好運，擺放垃圾，囤積雜物或是不堪入目的東西，都會讓好運變壞運。

　　不論是系統櫃還是做原木的櫃子，重點在於櫃子和內部的規畫，是不是方正平整的，有很多櫃子會設計奇形怪狀的造型，造成即使東西整齊視覺上也顯得凌亂不堪，反而減分。

　　除此之外，櫃子的材質也需要了解。衣櫃、鞋櫃是需要呼吸的，也需要感受到溫度，所以就一定要用木頭材質。古早時期的人們會用來收納衣服的鐵櫃，也都被時代淘汰了。

　　為了好好保存物品，現在櫃子有許多符合現代人需求的功能。以鞋櫃來說，有些會有除濕、除臭的功能，因為有可能影響櫃內擺放的物品，而影響整體氣場和運勢。就像現代室內設計規畫時，會在衣櫃內放除濕棒，是希望所有的衣服，不會因為潮濕發霉而形成霉運當頭；比較好一點的酒櫃，會有恆溫的功能，希望存放在酒櫃的酒能夠新鮮美味。

　　講到櫃子內部，大家最想了解的就是保險箱，保險箱也算是個櫃子，因為保險箱主要放財物，錢代表金，所以大部分保險箱都是用金屬來做的，稱為「金金相生」。厚重的材質，跟厚重的門，都有守財的作用，彷彿錢只進不出。

　　保險箱、保險櫃不論大小，最大的禁忌就是，不要讓保險箱的門，放在會正對門窗的地方，這樣容易錢財外露、錢一去不回。顏色的話則以少用綠色為原則。

因為保險箱屬金，如果能夠坐東向西，叫「金金相生」，如果能夠坐南朝北也叫做「金水相生」，因為珍貴的黃金來自於土壤，所以只要向東北、西南、西北、西南，這四個座位都是加分的。簡單來說，保險箱盡量不要向東方，因為東方屬木，則是金木剋，錢才不易留住；也不要向正南方，南方屬火，火會把金給融化了也容易招來破財。

這幾個櫃子，都是生活中非常重要的櫃子，小小提醒讓大家在使用櫃子時，無論酒櫃、鞋櫃、書櫃、衣櫃、冰箱跟保險箱，都能正確擺放，當然如果在這些櫃子上面放聚寶盆，放財神天珠，供我們的財神，也是加分的，可以讓財神坐守保險箱或是書櫃，就能形成常常說的信仰財、智慧財等等錢滾錢的規畫，是值得大家好好了解的。

講到櫃子，很多人會想到冰箱。如果冰箱是擺放在廚房的話，廚房屬火，怕水火剋，但大多數人都把冰箱放在廚房，這該怎麼辦呢？不用太緊張，這可以透過冰箱的顏色來化解。有很多人在問冰箱到底適合用什麼顏色？冰箱屬水，如果用白色，就是「金水相生」。綠色則是「水木相生」。

紅色的話就叫「火火相生」。

　　也就是說，如果冰箱放在廚房的話，可以選擇用紅色的，火火相生。如果是放在飯廳、餐廳的話，用白色或綠色是加分的，或是黑色也可以。

　　關於冰箱，大家最關心的還是冰箱的位置。首先，冰箱盡可能不要正對爐灶，至少要保持 1 個門以上的寬度，才能夠遠離水火沖的危險。冰箱屬水，如果能夠讓它的門向北，就叫「水水相生」。冰箱的門如果向東，叫「水木相生」，冰箱的門向西，叫做「金水相生」，如果冰箱能夠正對這 3 個的位置是很加分的。但是因為台灣大多數的房子，座向都屬於東南、西北、東北、西南，偏土，所以這個規畫可能比較難以實現。

　　再來是很多人也很關心床頭櫃，其實古代的床都會靠牆壁，床的左邊是男人上下床的區域，所以多是女人睡的左邊靠牆，代表龍強虎弱。不過現在人們大多都會擺放床頭櫃，一般來說床頭要放 2 個櫃子，主要是希望床的位置能夠置

中，讓男女雙方都能方便上下床，象徵左右逢源。有人會把床頭櫃設計為保險箱，擺放名錶、鈔票，睡覺前取下的戒指跟手錶也一起放著，它的重要性可見一斑。

要記得床頭櫃不能高過床頭板，否則整體看起來就像是靈堂，甚至有的人會在床頭上方的中間放結婚照，照片兩側掛兩個燈，這搭配中間的床，會看起來很像棺材，風水上強調有形就有靈，所以一定要避免這種規畫。

床頭櫃的高度，基本上以能夠跟床墊一樣高為原則，過高的床頭櫃雖然不是壁刀，不過以科學角度來看，睡覺時不小心頭撞到受傷也是可能發生的。另外，床頭櫃也不宜太大，太大的話會形成奴欺主、以下犯上、沒大沒小的運勢，也可能會造成女強男弱的情形，所以適度大小的床頭櫃是加分的。

房間時常碰到的有 2 扇窗的狀況，使得無論床怎麼擺，都會形成腳向窗或頭向窗的情形。這個時候就需要在臥室擺放高過門的高櫃，除了可以藏風納氣之外，也會阻隔腳向門

或腳向窗所形成的危機，是最開運的屏風，對改變居家風水危機是非常加分的規畫。

當然會建議大家不要用有鏡子或光面會反射的櫃子，這會形成很多的壓力，而變成轉櫃為鏡，鏡子的光煞四射，會增加很多的危機，大家在挑選時一定要特別注意。

床頭櫃的顏色的選擇建議偏深色，因為風水學講究「上明下暗，上圓下方」。方形的小床頭櫃跟深色設計，是能夠聚財的組合，床頭櫃的兩側也忌諱對到廁所。不希望對到廁所的原因有兩個，一個是睡眠時廁所的濕氣、臭氣，會一直飄到你的頭上，讓人整夜吸收臭氣、穢氣。

第二個原因是，床頭櫃既然是放鈔票、女主人首飾珠寶的地方，如果和廁所接近的話叫「廁沖」，會形成不必要的破財。最簡單的破解方式，還是用過膝蓋的門簾遮住廁所。

此外，家中所有的櫃子，都很忌諱下面是懸空的，這會形成不接地氣，讓財物、財富、錢財，隨著這個氣流來來去

去，無法聚財。

　　最後介紹一種櫃子是屬於會讓人破財的櫃子，它是穿透的，兩側都沒有封板，這種的櫃子，如果沒有要用來避免破財，或是用來阻隔晦氣、臭氣的，那麼選擇這種穿透性的櫃子是可以的。不過如果要透過櫃子的擺放，增加居家的財位，那麼穿透性的櫃子，就宛如口袋破洞，不但不加分反而還有可能形成扣分。

| 居 | 家 | 開 | 運 | 筆 | 記 | 本 |

　　櫃子的學問很多，選到好的櫃子富貴延年，選到不好的櫃子可能破財連連，選到納財納福的冰箱的位置跟酒櫃，都能夠財運亨通。甚至讓收藏的東西都增值致富的可能。所以櫃子諧音，除了早生貴子之外，也都代表貴氣橫生。所以很多人說，家徒四壁空無一物，那就是沒有櫃子，沒有椅子也沒有沙發，會讓人覺得比較孤苦伶仃，無法有聚財的規畫，希望大家藉由櫃子也能夠提升好財運。另外，在風水中櫃子不怕樑柱，甚至與之結合運用巧妙的話，還能創造絕佳的風水格局喔！

CHAPTER 7

床

:

讓你一夜好眠
也一生好運

傳承後代、休息休憩的重鎮之地,休息是為了走更長

遠的路,好的床讓你迎接一生的好運氣。

　　古人有祭拜床母的習俗，可見床對人們來說非常的重要。從居家風水的角度來看，人是一個個體，當體力消耗殆盡的時候，就需要充電休息，充電的方法就是吃美食跟睡覺兩種。所以當人躺平跟地球表面呈現平行時，血液的流動跟身體休息是非常有關聯的，所以床一定要跟地面平行，也是所有傢俱中，讓人能休息充電，擁有舒適感最重要的傢俱。

　　人常說：「家財萬貫，不就睡一張床嗎？」古代的皇帝再有錢，不過就是一房一床，所以床不只是生活必需品，從風水的角度看也很重要。床的好壞會決定性愛和諧與否，進而影響生育能力，當然也與健康相關，決定了我們的精神和體力，是隔天能夠圓滿地完成工作的重要關鍵。

　　床除了讓我們精神飽滿之外，其更大的意義，就是要醞釀生命。夫妻和合、傳宗接代都需要床，雖然沒有床也可以，但與傳統的概念不相符。所以床的位置好壞，會影響到受孕能力，這些好壞包括周遭環境的氣流、溫度，以及棉被、被套的好壞，床頭跟床尾的周邊環境，都與性生活也就是房事好壞息息相關。

　　床，除了有高床、矮床、寬床、扁床外觀上的差別之外，還有很多的學問暗藏其中，包括：床的柔軟度、材質、擺設，這些都關係到人的整體運勢。床最大的影響，應屬於愛情、健康，雖然也跟財位有關，但卻不是絕對的。

　　雖然風水常提到居家要有財位，不過只要床擺得好，睡眠品質就會好，當你體力好、身體健康，還怕賺不到錢嗎？而且擺設好的床位，加上選到好的床，對於夫妻的和合與感情好壞，也會有加分的作用。本章會把床頭、床尾、床上、床下、床左、床右各方位，進行深入分析，讓你好運提升。

　　從床的外型與尺寸來看，有圓床，也有方床，尺寸上有國王尺寸、皇后尺寸跟一般雙人床以及單人床。重點是不要大房配小床，非常格格不入。很多人會在小房間放大床，反而不易出入。一個小房間放了大床，就容納不下其他的傢俱，如：衣櫃、書桌、椅子，這反而會形成一個讓人遺憾的房間，所以床要跟房間的空間搭配，選擇適合的大小才是最重要的。

在討論方位前，先就床的禁忌做點提醒。首先，上下疊床跟圓床，都是不宜使用的類型。上下疊床，通常會用在軍隊、宿舍或是遠洋船的船艙，這種監獄、宿舍會用的床，都會上下重疊以節省空間。從風水的角度來看則是「上床下空，下床上壓」，因此都是不建議在居家空間使用的。

其次就是圓床，圓床無頭無尾，代表風水講究的「上圓下方」，下方，指的就是床要方方正正的，才有東南西北、有前有後、有大有小。圓床沒有方向和前後，也代表著夫妻關係混亂、感情易不負責任，很可能會讓人墜入風塵，或是感情有很多波折，同樣也是招攬小三的床，因此不宜使用。

::::開運方位深入分析::::

朱雀

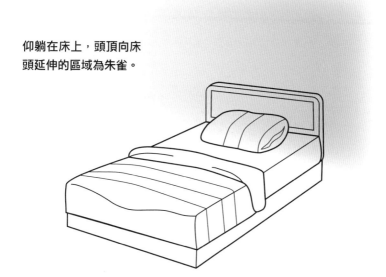

仰躺在床上，頭頂向床
頭延伸的區域為朱雀。

　　床的學問很多，床也有前朱雀、後玄武，左青龍、右白
虎，上天羅、下地網的風水方位。先看看床頭也就是朱雀的

位置，有什麼需要注意的。只需要躺在床上，床頭的後面就是朱雀。雖然躺下時可能看不到床頭後面是好是壞、是明是暗等等，不過有幾個提醒，是必須要讓大家要知道的。

首先，朱雀不要有窗。古人說，噪音會影響到睡眠，有可能因為以前的窗子，沒辦法像現在這樣的緊密，任何風吹草動，都會聽見聲音，而影響睡眠品質。床頭後面有窗，除了噪音也可能會有漏風的情形，如果徹夜寒風颼颼，直逼臥室的床，寒氣會帶來病痛的惡化跟中風的危機。

另外，床的朱雀位置若有光源，在沒有良好的規畫下，有時候陽光會直射眼睛，影響睡眠時間，被強迫早起晚睡，也可能造成睡眠不足。雖然早睡早起聽起來很好，但還是要適度。

也有可能床頭後面有門，而且床頭跟門的距離在一個門以內的話，會造成心神不寧，破壞睡眠品質，甚至因為不安定而感到恐慌、恐懼。

　　也有人問：「床頭後面有廁所，是不是不好？」在此必須要簡單地說明一下，因為古人的房子是木板隔間，床頭後面有廁所當然不好，會有異味或噪音，不過現代建築是水泥的隔牆，較不會有太大的影響，不過還是要注意廁所的門跟床頭距離是不是過近。簡單來說，床頭後以有一面牆，有靠有山為原則，雜物愈少則睡得愈安穩。

 # 玄武

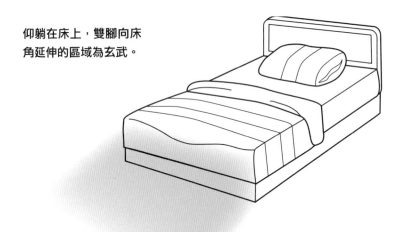

仰躺在床上，雙腳向床
角延伸的區域為玄武。

　　有朱雀，就有玄武。床腳所向的地方叫做玄武，床的兩
側直線的向前延伸，向腳延伸的區域才叫做玄武，有幾個禁
忌，大家必須要避免。

從床腳向前延伸，不能有窗有門，否則就是春光外洩，會導致房事不順、受孕困難，若有這個問題，可以將床左轉九十度，或是把床框或偏左、偏右擺放，跳脫正對門的危機。所以基本上，床的玄武正對到門的時候，最好的選擇是順時鐘轉九十度，這樣會形成床左邊有門，也就是俗稱的「龍動」，龍邊動，男主人就會活力四射，不但反敗為勝，還能把之前的煞氣化解。

也有可能床腳正前方會直接面對窗戶，這代表會有異地的爛桃花，男生找小三，女生則會有小王，這屬於外桃花的問題。如果床的玄武正對室內的門，代表家族內的桃花，而且還是關係比較複雜的桃花，千萬要小心。

若床的玄武是對廁所，那麼一起床就直接看到廁所，稱為「起床見廁」，病痛難測，會造成無法預期的病痛。見廁的解決方式，若不能改變床的方向，也不能左右移動時，可以在廁所門口裝上不透光的門簾，如此一來就能阻擋這些濁氣、穢氣。也可使用長度超過膝蓋的門簾，以阻隔爛桃花或不好的氣，能夠遠離行煞。所謂的形煞就是只眼睛看到的煞

氣；形，就是眼睛看到東西所帶來的不舒服感。例如：春光外露的煞氣，以及看到不喜歡的東西。

　　床的玄武也有可能會對到壁刀。尤其很多人因為房間很窄小，床正好卡進去，床腳就遇到了柱子，這會帶來血光、刀傷等等外傷，要多加小心。破解的方法就是在床柱子轉角掛上五帝錢或葫蘆，或是在柱子不對床的那面牆貼上鏡子。一般柱子有三個面，對到床的那一面除外，在另外一面貼上鏡子，能減輕壁刀所帶來傷害的力道。

天羅

仰躺在床上，所看見的
區域為天羅。

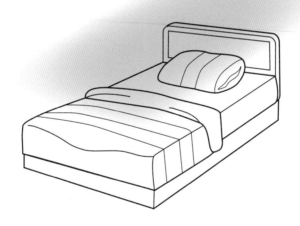

　　再來看看床的天羅。當我們仰躺在床上，會看到的就是
天花板，有幾個可怕的重點要提醒。有可能會有樑壓在頭
上，這時候就像是當頭棒喝，會讓人造成莫名的恐懼感跟壓
迫感。這個情形可以用比樑更大、更寬的板子，釘在樑上面

用來包覆，這個板子的寬度大概是樑的 3 到 4 倍寬，有了這塊板子，就不會直接看到樑的角，能化解壁刀帶來的影響，另外也可以在樑的兩側掛上五帝錢，這也是化解的方法之一。

也有人床的正上方有整根樑橫過去，在風水上就是一把大刀。從居家風水、美學跟傳統建築的觀念來看，要是房子倒了，第一個斷的會是什麼？就是斷樑，樑斷了人就亡了。所以古人常提醒，不要睡在樑下，是怕地震一來樑斷壓人，造成更大的危機，這是有一些科學根據的，現代人也要小心。

床的天羅一定會有燈，燈有圓的、隱藏式的，也有外放式，也有跟弓箭、寶劍一樣的各種形狀。也有人會在天花板裝風扇，不過這風扇在頭上一直轉轉轉，轉久了不但頭昏眼花，也會產生掉落、被割傷的恐懼感，這時候就必須要有所取捨了。

最好的燈具安排是圓燈和間接照明，圓的燈不像燈管直直的，像一把寶劍，也像弓箭的箭，直接就會切到頭頂上，就形成古人所說得：「開眼抬頭見刀。」早上起床一睜開眼

睛，就看到一把刀，那是非常危險的。

　　其次，燈有向上跟向下的，記得要安裝燈頭向上、照著天花板的燈具，尤其如果燈的造型像爪形或刀型，燈頭向下就彷彿是爪子在抓你。在物煞、形煞裡皆會產生不安全感，應該盡量避免使用。

　　房間的燈最好的選擇，就是在四周盡量使用間接照明，就不會形成太多視覺上格格不入的情形。

地網

床底下的區域為地網。

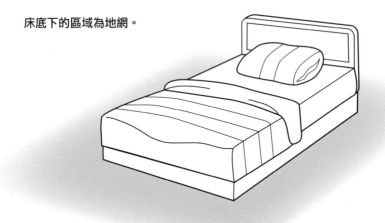

再來繼續分析床底，稱作地網的區域。首先要了解床架的形式共分為好幾種，若床下是簍空、懸空的，床底下要保持乾淨，也可以在床底擺放地毯，有接納飽滿地氣的作用。

　　床底下如果雜物橫生，甚至刀具、工具林立，或是有人會把自己釀的酒類或是醃菜也放在床底下，這都會造成地網垃圾橫生的危機。要是不接地氣或是接到不好的氣場，睡眠自然不會好，除了受孕困難之外，健康狀況也堪憂。

　　床，最好四面都有包覆，才能四平八穩，氣不散財才會聚。比方說，泰國人住的懸空房，因為環境的關係會有四根柱子，要爬樓梯才能進到房屋，地基顯得不穩。

　　床跟房子概念一樣。地網能夠做包覆最好，很多人包覆床底後，會在裡面收納物品，但是常常雜物放了更多，反而得不償失。所以當有掀床設計的規畫時，床墊下應該放得更整齊，要放的是乾淨且保暖的衣物，才不影響自己的氣場。

青龍

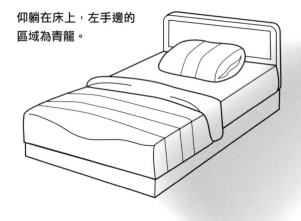

仰躺在床上，左手邊的
區域為青龍。

　　床的青龍方位要判定也很簡單，只要躺在床上，床的左
邊叫青龍，右邊叫白虎，左邊下床的位置愈長愈寬，男主人
力量就會愈大，愈受尊重。此外，高的櫃子放在床的左邊，
風水上稱做「龍高虎低」，能讓男人有機會步步高升。床的

龍邊，如果有一面窗，代表採光、氣流好，會讓男主人運氣加分到極致。

　　房間內的冷氣機不能壓頭，也不能直吹床腳，容易感冒，不過如果放在偏龍邊，靠近床腳的位置是最好的，會增加男主人的活力、生命力跟朝氣。另外，躺在床上來分左右，記得男生要睡在左邊，女生要睡在右邊。

　　除此之外，床的四周包含上下左右，都不要有鏡子直接照到床，因為鏡子容易讓我們魂魄不安定，導致睡眠不穩定。都說魂藏於眼魄，藏於肝。晚上睡覺就是養肝，保養身體最重要的時刻，所以鏡子千萬不能放在床邊。

　　另外，床的青龍邊盡量不要有廁所，有廁所的話會影響男主人的身體健康，廁所放在虎邊，反而好一點。當然也要看距離，如果距離有床寬的 2 倍以上影響就不大。但無論如何，在床的兩側有廁所，容易衝到床母，會造成房事不順、受孕困難，身體健康當然也會受影響。畢竟整夜吸廁所的濕氣、臭氣、晦氣，再強壯的身體也受不了。

白虎

仰躺在床上，右手邊的
區域為白虎。

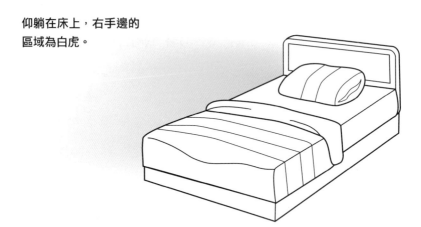

　　接著來看右白虎，虎邊是床躺下去的右手邊。代表女人的地位，當然不宜過寬，過寬的話，會陰盛陽衰，可能妻代夫職，畢竟拋頭露面，也不見得是件好事。

　　所以跟牆壁的間距，會建議床的左邊寬一點，右邊床跟牆壁的間距窄一點，但不能靠壁，床的兩側要是有一側靠

壁，就不能左右逢源。所以很多風水書都會提到，兩側都一定要放床頭櫃，其實是間接地強迫大家，兩邊都能上下床，以這個方式來提醒大家。

床的右邊，如果有冷氣或是燈太亮，會讓女主人疲於奔命，身體健康亮紅燈。當然床的兩側如果在一個門的距離以內會看到轉角，那就必須要注意壁刀。有的砍頭、有的砍腰部、有的砍腳，這些都會造成不同的健康問題，所以千萬要謹慎注意，才能夠化解不必要的刀傷。

:::: 開運材質與顏色解析 ::::

　　床的材質很重要，可以決定一個人的富貴貧賤。首先分享一下很多困苦的國家是沒有床的，有些環境比較艱困的地區，人們甚至睡在炕上。

　　水床，只適合作為汽車旅館的設備，因為水床沒有支架，就像有肉沒有骨一樣，不建議居家使用。第二個是火床，也就是炕，試著想像人睡在火上面，會有多好的結果？另外還有一種土床也不適合居家使用，因為有時候土床，就彷彿是大理石製的床，不宜出現在家裡。

　　總歸來看床的材質，個人非常建議以木頭為主，因為木頭會呼吸，可以接納氣場，還有保溫的作用。用真正的原木床是最好的選擇，如果加上真皮皮革包覆，就更加分了。

　　床頭有人會使用用銅床，這是可以的，銅的床架是以堅

固耐用為出發，不過一旦用到過於冰冷的材質如金屬，外層就要用皮革或布類來做包覆，再搭配好的床墊，提升皮膚接觸床的舒適度。

所以床，有分好的床架跟好的床墊，這是兩件不同的事。好的床墊，會影響我們的睡眠品質，可以藉由柔軟彈性的床墊，像現在很常見的記憶型床墊，或是多功能彈簧設計的床墊，都能為我們的睡眠品質加分到極致，同時也保護我們的身體，彷彿是一個在媽媽懷中的嬰兒。

總結來說，床架的部分建議使用木頭或是銅來製作，因為夠堅固，而會接觸人體皮膚的床墊則要柔軟、舒適，要用好的布料和皮革，才能夠創造好入眠的睡眠與好運氣的生活。

另外，床頭和床尾要分清楚，有很多人床就放那邊，沒有分床頭也沒有分床尾，這就叫沒大沒小。容易造成奴欺主，以小犯上的現象，也會導致前後不分、長幼無序，睡眠品質下滑。

也有人會在床位掛紗帳或蚊帳，用四根柱子朝向天花板的設計，這在風水中叫做「房中針」，也是比較不建議的設計。

講到床，當然不能避免談到枕頭跟棉被的搭配，這是屬於傢俱當中另外一個附加價值的規畫，一定要選擇柔軟、舒適，可以透氣的材質，要能因應天氣變化，因為冷熱不一的床與寢具，也會影響我們的運勢。冷熱不一的原因，分為外來空氣、氣流的影響，以及內部床墊及被套的設計，所以不管是床還是寢具都很重要，尤其床是讓我們身體健康及孕育機會提升的一個重要傢俱，不可不慎。

｜居｜家｜開｜運｜筆｜記｜本

　　床在居家風水裡是傳承後代，子孫傳承最重要
的一個傢俱，習俗上也有床母的說法，床的地位可
見一斑。床的各種方位、材質與形狀，不只會影響
睡眠品質，也與受孕息息相關。原則上床的青龍邊，
有窗戶、燈飾、風扇、冷氣而且寬敞的話，對男主
人運勢提升大有幫助。床架材質以原木為優先考量，
床墊與寢具也要搭配能給皮膚舒適的感覺、透氣性
好的床，要避免陽光直射床頭，燈具以圓形最好，
各種小細節按照風水建議安排，健康、人生跟財富
運勢都能提升。

CHAPTER 8

廁

：

解決壞風壞水，
靠廁所趨吉避凶

打造通風明亮的廁所，讓鬼魅、穢氣無躲藏之地！

　　提到馬桶就會聯想到廁所，所以馬桶在哪裡，廁所就在哪裡。由於現代住家室內設計，馬桶大多都會跟浴室擺在一起，因此提到馬桶風水，難免就會提到鏡子、洗臉盆以及浴缸等。

　　廁所跟馬桶的學問太多了，古代時期茅廁的糞便立即可見，現代人雖以高雅的方式設計馬桶做修飾，但還是不免還是有臭風、臭水，所以還是要小心、謹慎去面對。

　　在風水當中，廁所是一個非常毒的地方，就像所有的美食幾乎都在廚房，代表我們的嘴巴，而所有的排泄都在廁所，所以代表肛門。壞風壞水幾乎匯集在馬桶周遭，而廁所在五行中為水，與水相關的包括：財水、汙水、廢水、臭水及福氣的福水，只要是風水中的水，都跟廁所有非常緊密的關連。

　　不只是廁所的水跟氣，廁所的門就是排放穢氣的源頭，也跟我們的呼吸、好運氣、好財氣、好福氣形成嚴重衝突。所以廁所的門座向非常重要，很多商場、賣場、車站等公共場所，廁所都沒有設計門，並且直接跟大廳的走道並聯在一

起，這種叫做廁無門，也代表「進堂、進店見廁」，會形成大破財。

　　有些公司行號為了方便運輸人員如廁，在大廳、後陽台規畫了廁所，這代表破財難測。所以廁所跟馬桶非常　重要，一旦汙水不排、臭氣不出，壞風壞水會讓運勢急劇下滑。也有很多的工廠會在廠房前規畫停車場，而在兩側設置廁所，用意雖然是為了讓大家方便如廁，卻造成前途、破財難測，造成穢氣橫生、壞風壞水的格局。如果店面的廁所規畫在房屋的背後，這樣的配置會造成倒店的倒店、賠錢的賠錢。

　　另外，可以把居家或工廠的平面圖攤開，對角線交叉處就是建物的正中央，這裡有廁所的話，就是所謂的「廁居中」，會病痛不斷，甚至會有突如其來的疾病，讓人防不勝防。最害怕的是「廁居中」且不通風，這時廁所的綠化和除濕，就顯得非常重要，廁所的綠化建議放黃金葛，或加裝壁燈，雖然都是老生常談的開運方法，但不是沒有道理的。

　　通風不良的廁所，是鬼魅最喜歡躲藏的地方，因為廁所的臭味跟屍臭味相符，有靈異嗅覺的人，就知道鬼魅喜歡躲廁所，尤其澡盆下或水池裡面，所以廁所要以光亮、通風為原則。而且家裡最容易發黴的地方就是廁所，還可能形成嚴重的壁癌，是造成泌尿系統、婦女疾病惡化的源頭，這些都是提醒你的預警。

　　廁所更可怕的是，一打開廁所門看到一面鏡子，我們稱這為「如廁見鏡」。半夜進廁所燈一開，看到自己會嚇一跳，造成魂飛魄散、心神不寧而影響睡眠，更容易招陰。所以廁所的門對鏡子，進門如出門，進廁所如出廁所，所有的穢氣會藉由鏡子排出來，這時候要考慮把鏡子轉向或遮擋。

　　很多人追求浪漫，在廁所的牆面上裝滿了鏡子，孰不知鏡對鏡會創造四度空間，等於幫鬼魅開了一扇門，鬼魅紛紛從廁所進進出出，群魔亂舞，所以時常看鬼片，鬼都藏在廁所跟水池裡面，這不是沒有原因的，這就是水為陰的道理。

　　廁所要注意的地方，除了鏡子外就是馬桶。很多人說，馬桶不能正對家裡的大門，其實並非如此，是要以馬桶不正對廁所的門為原則，並非馬桶不要正對客廳大門。大家都把廁所跟馬桶搞混了。

　　風水講究進門見花開富貴，進門見神能有神明護持。如果進到大門一眼看到廁所，穢氣、濁氣很深，則會病痛、破財難測，也會春光外洩，會招來爛桃花。所以廁所的門，對健康跟財運有非常大的影響。

　　所以居家空間裡，廁所宜少不宜多，剛好就好。因為無論是空氣、排水，還是外在的形煞，都會影響到居家風水。要有好風、好水，一定要阻隔不好的廁所。風水要先知先覺，才能夠事先預防不好的運勢，而不是後知後覺，等問題出現了再來調整。

:::: 開運方位深入分析 ::::

 ## 朱雀

站在廁所門口，面朝外，眼前所看見的區域為朱雀。

　　廁所跟馬桶前方不盡相同，馬桶前方通常都是牆壁、浴缸或洗臉盆，影響有限。所以與其探討馬桶前方，不如來看

看廁所前方，廁所的正前方如果是客廳的大門，代表這個家的財運會一路下滑，家人會病痛連連、暗疾纏身，不但沒有好財運，還會帶來很多的病痛。

因此在裝潢規畫時，要非常謹慎，能轉向盡量轉向，不行的話就用櫃子來化解。房門正對廁所門的人，容易身體狀況亮紅燈，慢性疾病纏身或是出外投資失敗，這時要用過膝蓋的門簾來遮擋廁所門。

朱雀除了怕遇到房門之外，也很怕正對廚房，這會形成水火沖，會讓女性身體亮紅燈，還會容易造成家中的女性產生口舌是非、婆媳失和，形成許多危機。但如果兩個門之間距離足夠，可以透過櫃子的擺設來避免敲門打牆。如果間距很窄的話，只能在兩扇門都加布簾，利用遮擋來化解。

廁所的正前方也有可能是佛桌，這種叫做「佛向廁」，會因為擾神、對神明不尊敬，無法得到神明護持，也是一個危機。

　　還有很多人會把書桌辦公桌擺在廁所正前方，這會造成考運下滑、名落孫山，讀書無法有成就。所以廁所跟馬桶正前方空間的安排，都要謹慎。

 # 玄武

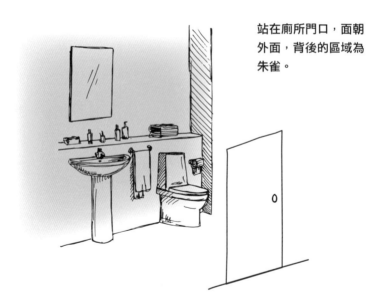

站在廁所門口，面朝外面，背後的區域為朱雀。

接著來看廁所的後玄武。廁所跟馬桶的背後，不能有鏡子，如果有鏡子，就是「進門見廁」，會有口舌是非、破財的危機。

馬桶的後面如果有鏡子，會形成後無靠，這裡指的並不是真的靠山，而是要安穩的如廁環境，不然就會如廁不順，可能形成便祕困擾，或是導致泌尿系統亮紅燈。

所以馬桶後面最好是有一面牆，但要注意沒有壁刀或樑去壓到馬桶，就可讓家人身體健康，甚至能化解疾病侵擾。

 # 天羅

廁所的正上方（天花板）為天羅。

　　廁所、馬桶的天羅，最害怕的就是天花板漏水、糞管破裂，或是過度壓低高度造成通風不良的情形。天羅區域有狀

況，代表長輩緣較弱、沒有貴人，或是家中長輩疾病纏身。

　　所以廁所的天花板，若是常常發生壁癌、漏水，或是有臭氣外溢，還有很多蟑螂、老鼠出現，都是在預警老人身體健康會有狀況的風水跡象，天羅要時常清理，才能保持天羅的通暢、寧靜、開闊、明亮。

　　很多人會在廁所的天花板裝直式的燈具，這會造成老人挨刀、受傷或腦神經衰弱、泌尿系統亮紅燈；若是在天花板裝風扇，形成頭頂一把刀，也會傷身體。風扇情願掛在牆壁上，也不要掛在天花板上面，否則會讓老人家有病痛。

 # 地網

廁所的地板為天羅。

　　再來講地網，廁所的地板通常會潮濕，所以才有現代人的住宅規畫，採用乾濕分離，為的就是要保持地板乾燥，避免滑倒。常常聽聞很多長輩在廁所跌倒的消息，尤其是在洗

澡時滑倒，那就是一種水火剋。

　　如果地網濕滑、下陷、不平或是積水，就會形成惡水惡風，嚴重時就會造成家人傷亡。

　　廁所好可以趨吉避凶，廁所不好會導致健康破財的危機，因此廁所的地網，還是要做防滑、防水、淨化、乾燥的處理，才是解決廁所帶來厄運造成傷害的根本解決方式。

　　在格局上即使有廁沖，只要廁所地面乾淨、牆壁不潮濕，再怎麼沖也只是形煞而已，形煞只是眼睛看到所產生不適，但若沒處理好，一旦累積惡臭，廢水無法排除，就會成為味煞，味道的煞氣是看不到的，所以更可怕！

　　廁所的風水，比其他空間都更重要，防水失敗、牆壁有壁癌、鏡子亂掛等，稍有不慎都會形成不好的影響，甚至造成健康狀況亮紅燈。

 # 青龍

站在廁所門口，面朝外，左手邊的區域為青龍。

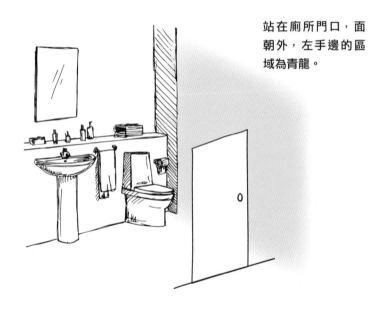

馬桶的左邊，如果有一面鏡子，就是龍邊開闊，無論男女人際關係都會加分，而且還有轉圜穢氣的作用，可以讓我們不會陷入龍撞壁的窘境，男人比較不會遇到懷才不遇的危機。

　　所以馬桶的左邊或廁門的左邊掛一面鏡子、有燈光照明、通風良好或是有窗子，都是加分到極致的建議。龍開闊、龍明亮，也會讓廁所的濕氣、臭氣、穢氣排放更加順暢。

 # 白虎

站在廁所門口，面朝外，右手邊的區域為白虎。

　　廁所的右邊叫做白虎，我們很常看到廁所右邊有樑柱，這時候要做包覆修飾，否則會影響女主人的身體健康。

　　也常常看到廁所出現缺角，尤其是面對門的右手邊有缺角，這代表女主人會有很多慢性疾病。這個種狀況只要加裝置物櫃，或是做一個門使來修飾，把缺角補平，使廁所成為一個正方形的空間，就能化解缺角的危機了。

::::: 開運材質與顏色解析 :::::

　　水可載舟亦可覆舟，水匯集的廁所可以利用水水相生的道理來開運。所以廁所的顏色，盡量選白色跟淺藍色，五行中金水相生、水水相生，會讓廁所的水更加流暢，能夠順利排解、排出。

　　廁所要開運，還有一個重點就是一定要燈火通明，壁燈要常開，讓藏汙納垢的廁所，不再有鬼魅停留。

　　另外還有門框也很重要，很多人會用透氣的或是採半透明的玻璃，這些其實都不宜，因為都會造成不好的形煞，也會造成不好的水氣的外溢，還是以結實的門框為最佳。

　　當然，如果要開運，廁所一定要保持通風。若有門無窗，也要做抽風的設計，才能避免不必要的穢氣直逼到臥室、客廳或餐廳。

除此之外，風水的風太重要了，廁所裡頭擺類似精油的燈或線香，都能化解廁所的臭氣及穢氣，在風水中叫做「以味壓味」，用味道去壓過氣味，才能夠取代並消除不必要的臭氣。

廁所裡有一定的水氣，如果能放盆栽，就是水木相生，再加上壁燈，都是能讓廁所淨化的安排。廁所的開運原則除了保持明亮、通風、好氣場之外，盡量選擇元寶狀的澡盆、浴缸，而不是舊時期用水泥砌的泡澡浴缸，那麼更能聚財。

很多人會把後陽台改成廁所，這樣的設計如果沒有走道，會影響後代子孫的運勢，如果是從後門直接看到廁所，或把後陽台直接改成廁所，那會帶來莫大的災難，小孩會有病痛，甚至懷孕不易，有小產、流產的危機。

嚴重時甚至可能家出孽子，這都是因為後代子孫在後陽台所造成的晦氣，所以後陽台的運勢，以這個角度來看，都是非常值得跟大家做建議的。可以從後門走到走道，再看到廁所，運勢上不無小補。

居|家|開|運|筆|記|本

　　廁所開運不外乎盆栽淨化空氣，線香或臥香的
淨化空氣、保持乾燥。汙水的排放一定要有，保持
明亮的廁所，都是廁所開運不變的法則。另外，廁
所的天羅暗藏學問，若有漏水、壁癌等等惡氣糾葛，
會造成老人家病痛纏身。也盡量不要把廁所放在後
陽台，會造成後代子孫的危機。

CHAPTER 9

爐

:

讓家運興旺豐衣足食
的關鍵風水

門有門神，灶有灶神。且民以食天，所以爐灶既代表

豐衣足食，也代表生命的傳承。只要炊事順利，家運

就亨通。

　　古代爐灶都是誰在掌管的呢？是女人，因此爐灶又關係到婆媳的和諧。 古代都把爐灶跟廁所，安排在三合院以外的地方，因為油煙、廚餘和臭氣等等，都會破壞家庭運勢。但是現代人因為居住型態的改變，已經把廚房納入居家空間中，這就需要好好探討其中的風水學問。

　　廚房裡爐跟灶最大問題就是灶口，我們其實可以把爐跟灶一起來討論。先講爐子，古代廚房都是 2 個爐子，但這代表婆媳失和。因為一灶兩爐，就像一山難容二虎，所以婆媳失和從古至今依舊存在，因為現代人婆媳分居二地，因而爭執變少，但一灶兩爐的規畫，是一種危機。

　　寒帶地區的國家常會使用火爐、壁爐，還有居家的暖爐，很多歐美的房子，敞開客廳大門就看到壁爐，因為寒風颼颼，希望這個爐子能取暖，殊不知有時候風速的強弱變化，會影響到壁爐的安危，也可能引起火災，甚至火的強弱，也會影響居家溫度的控制。所以「開門見火」，就是一肚子火，有壁爐的家，風水上要避諱壁爐直接面對客廳大門，這是平常較不注重的壁爐跟熱水爐（器）的禁忌。

　　不過最主要談的還是廚房的爐，因為那是家家戶戶養家活口的器具。如果爐子沒有做良好的規畫，用的還是粗製濫造的爐子的話，就像古代人會把爐子移到戶外煮飯，用完再拿進去，那便代表孤苦貧困，所以現在的爐都放在固定的位置，這種是有原因的。

　　而現代的居家空間美學裡有個很大的盲點，就是喜歡客廳大、餐廳大，還有愈來愈多的人喜歡把廚房規畫在客廳裡，形成沒有門的開放式廚房，就像許多西方國家一樣，一邊煮東西，一邊招待賓客。

　　但是客廳代表的是家中男人的地位，和爐灶是獨立的，現在合二為一，等於是在客廳放火，沒有門神的區隔，又形成了灶外放，在從前只有窮困的人家才會在客廳煮飯，這種空間在風水上容易造成夫妻失和。

　　現在美國有很多豪宅，會另外獨立設置一個有門的料理區，外圍就是電磁爐、煲湯等器材，既不會形成灶火衝，又讓女人的地位穩固，因為有了灶門，代表女人獨立。

　　其實不論是東方人還是西洋人，在廚房的規畫上都是無法迴避這個概念的，畢竟風水裡講的風，就是氣流，包括油煙、熱氣、水氣，古代媒爐、碳爐的氣，都會形成壞風壞水，所以才會區隔在客廳以外。

　　現代的人更應該注重這個老祖先的智慧並且傳承下去。爐子的好壞與否固然重要，但擺放的位置跟有獨立的區隔是一定要的。

　　至於烤麵包機、微波爐、電磁爐是不是爐？這些可以說叫次要功能爐，次要功能爐不見火，影響是比較低的，有看到火的，會形成形煞，一定要小心謹慎。所以炒菜時主要使用的爐子，如果擺錯位置，使用廚房的人會一肚子火或脾氣暴躁。

　　以科學的角度來看，爐子使用或擺放不慎會演變成失火的源頭，一定要小心謹慎。所以廚房裡的爐，擺放位置跟座落方向，不論是古人或現代人，都需要非常重視。尤其很多人對爐子的前朱雀、後玄武搞不清楚，甚至會錯亂，接下來會一次說明清楚。

　　爐子的火旺盛與否，爐子本身產生的氣、油煙、水氣，是否能夠適度的排放，都是關係到整個家運。有些人煮飯看起來輕鬆自在，但有些人卻是灰頭土臉，這樣的差別跟爐灶的規畫有很大的關係。

　　除了瓦斯爐以外，還有大家注重的熱水爐（器）。在這裡先把熱水爐（器）跟壁爐先做簡單的說明。熱水爐（器）一定要放在空氣流通的地方，不然可能會因為瓦斯外溢會有傷亡。其次熱水爐（器）不要正對後門的正前方，因為這樣會開門見火，後代子孫容易脾氣不穩定，建議轉向或是中間可能藉由曬衣服，或其他在安全的情況之下做阻擋。

:::: 開運方位深入分析 ::::

 朱雀

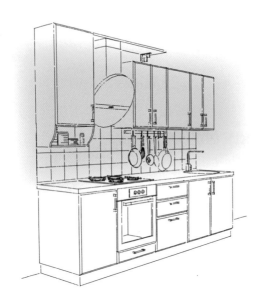

站在瓦斯爐前煮菜時，眼前所看見的區域為朱雀。

爐灶的前朱雀是指哪裡呢？很簡單，就是煮飯時，站在瓦斯爐正前方，煮飯的人所面對的，也就是瓦斯爐的前面，

這個位置就是朱雀，通常會是牆面或窗。

　　爐灶的前朱雀是牆比是窗還好，雖然先前提到的很多傢俱都喜歡前朱雀喜歡有窗戶、有遠景，佛桌、書桌都是如此，孰不知風水裡頭，爐灶的前面忌諱有窗。

　　一是會影響爐火的火氣強弱，二是古人美食唯財，容易引起宵小的聞香下馬或引起別人歹念。也就是說要將食物視為珍貴的財，要低調保藏，彷彿是放保險箱的意思。一旦爐灶外露、美食外露，就會形成漏財、不守財，造成家中男苦女破財的危機。

　　有人的爐灶前方有窗戶，又在窗戶裝了抽油煙機，這種設計會傷害到煮飯人的眼睛。另外，爐灶本身代表火，火土相生，所以爐灶的四周都盡量用土牆為原則。這些都是廚房擺放爐灶時需要參考的。

玄武

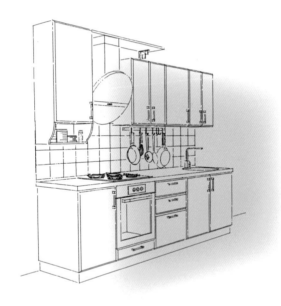

站在瓦斯爐前煮菜
時，背後的區域為
玄武。

爐灶後面就是後玄武。就是在煮飯時的正後方，如果後面有門，會造成煮飯人心神不寧，煮飯、炒菜，都會有心靈層面的恐懼，造成炊事不順或家人團聚有問題。

如果在別人煮飯時常常聽到飯煮焦了、魚燒焦了或是水滿出來了，嚴重的因為火太大而引起火災了，這些都可能是因為爐灶後玄武有門的關係。所以爐灶的後玄武盡量是牆壁，代表有靠山、不犯小人。

爐灶的背後，如果沒有門，反而是空無一物的空間，代表家中女主人會單打獨鬥，會沒有男人幫忙。所以廚房的門進量開在左右兩側為原則，如果門是開在煮飯人的背後，就要加上過膝蓋的布簾，在背後多個保護。

如果爐灶的背後有壁刀，會導致煮飯人的脊椎跟骨頭比較容易受傷。

所以結論就是爐灶的玄武要有一面牆壁之外，如果廚房兩側有門更加分，能夠保護象徵財富的食物，何樂而不為呢？也就是說開放式的廚房要小心，會讓女主人錢財花光光，男人不來。

 # 天羅

站在瓦斯爐前煮菜時，頭頂正上方的區域為天羅。

爐灶的上方稱為天羅，天羅很重要，通常能夠使廚房產生弊端，就是樑、燈與櫃子。時常會遇到幾個現象，一就是

樑壓灶，二是上空有燈刀，三則是櫃子壓頭。很多的廚房很小，要做很多高高的櫃子，那麼就會有壁櫃壓女性頭的危機，使女性不得抬頭被矮化，在天羅應該選擇矮櫃、吊櫃。

當爐灶上方有樑時，基本上以不壓在煮飯人頭頂的正上方為原則。如果樑在頭頂的正上方，這時候就可以用壁櫃、吊櫃來做支撐，化解樑壓頭的危機，叫作去形除煞或用天花板的修飾，才能讓女性化解這種為家裡付出的壓力。

燈刀就像女人頭上一把刀，雖然不是真正的刀，但就像是一把弓箭，這種現象會使煮飯的人神經衰弱、頭痛或感到莫名的壓力，這時候只要改成圓燈就可以。

 地網

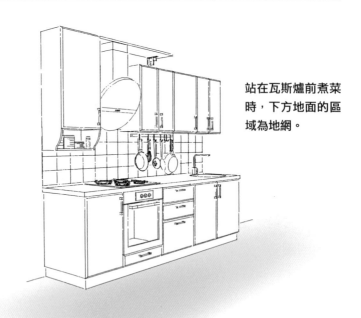

站在瓦斯爐前煮菜時，下方地面的區域為地網。

　　接著來講地網，很多人家裡廚房的地板滑而不平，這往往是會讓人面臨跌倒的危機，所以要安排防滑的地網。如果

因為防水沒做好，而造成地面的龜裂，也會讓家中女性有莫名的疾病，這都是很可怕的兆頭。

很多廚房地上會髒亂不已，有汙水形成水火沖，或是物品的堆積，藏污納垢，讓蟑螂、老鼠有機會躲藏，因為廚房在古代代表女性，所以髒亂不堪的廚房會造成家中女性產生疾病，也代表女人有可能犯小人，所以廚房的地網一定要淨空並且防滑，盡量保持乾燥，才不會有水火沖的問題。

有些廚房會有階梯，形成地網高低落差，這會造成婆媳失和跟女主人地位不保，或是財路不平，也可能會有健康方面的問題發生，地網的影響很多，所以一定要盡量鋪平。

廚房的地面以平整方正為主，不能有太多的邊邊角角，很多廚房除了有樑以外，還會形成缺角房，也就是廚房不是方正的，類似菜刀房的格局，這時候地網會形成菜刀形狀或L型缺角，也會對女人的運勢有不良的影響。

　　這時候可以調整門的位置，透過門的位置將空間盡量形成正方形，化解刀型危機。雖然廚房變小了，但將電器櫃或冰箱移到另外的地方擺放就可以，只要消除地網的缺角，才能為自己的運勢加分。

　　總歸來說，廚房防滑、防潮濕、不藏汙納垢，對於女性是非常重要，一旦沒有處理好，可能會產生丈夫婚外情、婦女疾病纏身或是犯小人。所以廚房爐灶的上下左右前後，稍有不慎，可能引來諸多不必要的危機。

 青龍

站在瓦斯爐前煮菜
時，左手邊的區域
為青龍。

　　爐灶的青龍，就是指站在爐灶前煮菜時的左手邊。爐灶

的左右空間規畫，也是希望左邊寬右邊窄。爐灶的左邊如果有水槽，不能和爐灶相鄰，才不會有水火沖的問題，如果爐灶的左邊跟水槽緊靠在一起，爐灶產生的火花和水槽水花四濺，會形成莫名的水火沖，也是婆媳失和口舌是非的開始。

如果爐灶的左邊有水槽，但和爐灶保持一定的距離，代表能接男人接財水，無論是左前、左後都是加分的，如果可以再轉九十度的地方最好，既能避免不必要的水火沖，又能夠接男人的財水。如果在龍邊放風扇或冷氣，使空氣流通也是加分的，代表這個家的女人會受到老公的疼愛，可以在家數鈔票。

當廚房是跟餐廳結合在一起的時候，盡量讓爐灶的左邊開闊，既能放餐桌也能放冰箱，在不對沖的情況之下，龍長虎短，龍邊開闊平整，會使男人聚財。

 白虎

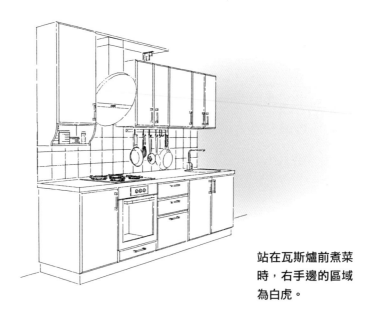

站在瓦斯爐前煮菜時，右手邊的區域為白虎。

爐灶的右邊稱為白虎邊，要靜要守財，所以如果能在前後白虎放冰箱或是櫥櫃，都是幫女人納財的好選擇，因為冰箱和櫥櫃是存放美食的地方，美食就是錢財，代表女人不匱

乏錢財，豐衣足食。

　　冰箱是庫，宛如女人的保險箱，放在爐灶的虎邊，可以料理美食討好老公，婆媳之間不再失和。家庭不愁吃穿，不會淪為貧賤夫妻百事哀的悲劇，這就是爐灶的白虎邊和青龍邊最大的區不同。

　　如果要在廚房開窗，也應該開在爐灶的左邊，而不是爐灶的前後或左邊，這樣一來就會擁有天下無敵好運的廚房。

∷∷ 開運材質與顏色解析 ∷∷

　　現在來探討爐灶的材質、禁忌以及開運方法跟忌諱。古代時期的爐灶是用土做成的，上面放上一只鐵鍋。現在用的是瓦斯爐，但無論是什麼材質，都無法跳脫「火」這個元素。

　　爐灶在廚房位置，可用若用指南針或手機的功能辨別方位。爐灶的位置，要盡量放在正東方，不考慮爐灶的座向，先考慮它的位置，擺在正東方，叫「火木相生」。或是放在正南方，稱為「火火相生」，如果放在東南方、西北方、西南方、西北方這四個偏方，則是「火土相生」，也適合放置爐灶。簡單來說，爐灶不要放在廚房的正北方跟正西方。

　　除此之外，爐灶跟門一樣也有座向的差異。爐灶的背後，就是座，正前方叫向，在無法選擇最好的擺放位置的同時，可以研究座向。如果爐灶坐西朝東，也就是在煮菜的時候，面朝東方或是南方也是很好的。因為東方屬木，南方屬

火，對運勢來說都加分到極致。

　　盡量不要面向北跟向西，否則會炊事不順，火不來、火不旺、飯不來，家中缺米缺鹽缺飯都是有可能的。畢竟誰不希望炊火茂盛、子孫滿堂，全家歡聚一堂？炊事順利，房事才會更加順利。

　　為了居家空間的設計與兼顧風水，很多人想問灶適合什麼顏色？顧名思義，灶是一個火再一個土，跟火相關的顏色就是紅色系，使用紅色系就是「火土相生」，或是使用米色也很加分。最忌諱的顏色是黑色、藍色以及白色，建議盡量少用。因為白色屬金，火金是相剋的。

　　爐灶的禍福吉凶，比較常碰到的就是爐灶跟冰箱緊鄰，如果是不得已的規畫，至少不要冰箱的門打開就正對到爐灶，因為會形成水火沖。

　　希望大家炊事順利，豐衣足食、有飯可吃，一起賺更多的錢，吃更多的美食！

| 居 | 家 | 開 | 運 | 筆 | 記 | 本

　　爐灶後以無門前無窗為原則，上無刀，左開闊，都是一些簡單的風水。此外，廚房的地網一定要淨空並且防滑，盡量保持乾燥，不只讓煮飯的女人不易跌倒，才不會有水火沖的問題。水火沖另一個重點就是冰箱，如果冰箱沒有其他空間可以擺放，必須緊鄰瓦斯爐，至少要做到冰箱門不要正對爐灶。廚房有樑的話，以不壓女人的頭為主，可以利用吊櫃來做修飾。

玩藝 0113

從傢俱學會風水

利用傢俱打造風水好宅，架設屬於自己的豪宅，財運、桃花、
事業、健康，各種好運樣樣來！

作　　者—詹惟中
封面攝影—Rocky
封面設計— FE 設計
內頁設計—楊雅屏
文字整理—徐詩淵
責任編輯—王苹儒
責任企劃—宋　安

從傢俱學會風水：利用傢俱打造風水好宅，
架設屬於自己的豪宅，財運、桃花、事業、
健康，各種好運樣樣來!/ 詹惟中著. -- 初版.
-- 臺北市：時報文化, 2022.02
　　面；　　公分 . -- (玩藝；113)
ISBN 978-957-13-9934-8（平裝）

1.CST: 相宅 2.CST: 改運法 3.CST: 家庭佈
置

294.1　　　　　　　　　　111000034

總 編 輯—周湘琦
董 事 長—趙政岷
出 版 者—時報文化出版企業股份有限公司
　　　　　108019 台北市和平西路三段二四〇號二樓
　　　　　發行專線　（02）2306-6842
　　　　　讀者服務專線　0800-231-705、（02）2304-7103
　　　　　讀者服務傳真　(02) 2304-6858
　　　　　郵撥　1934-4724 時報文化出版公司
　　　　　信箱　10899 臺北華江橋郵局第 99 信箱
時報悅讀網— http://www.readingtimes.com.tw
電子郵件信箱— books@readingtimes.com.tw
時報出版風格線臉書— https://www.facebook.com/bookstyle2014
法律顧問—理律法律事務所　陳長文律師、李念祖律師
印　　刷—勁達印刷股份有限公司
初版一刷—2022 年 2 月 18 日
初版二刷—2023 年 10 月 19 日
定　　價—新台幣 399 元